文明奇迹

世界文化遗产精选

[法] 苏菲·索罗 著　周恒涛 译

中国地图出版社
·北京·

图书在版编目（CIP）数据

文明奇迹：世界文化遗产精选 / (法) 苏菲・索罗 (Sohpie Thoreau) 著；周恒涛译. -- 北京：中国地图出版社, 2023.8

ISBN 978-7-5204-3315-0

Ⅰ. ①文… Ⅱ. ①苏… ②周… Ⅲ. ①文化遗产 – 介绍 – 世界 Ⅳ. ①K103

中国国家版本馆CIP数据核字(2023)第159144号

责任编辑 刘向祎
装帧设计 李 瑶

文明奇迹：世界文化遗产精选
Wenming Qiji: Shijie Wenhua Yichan Jingxuan

出版发行 中国地图出版社
社　　址 北京市西城区白纸坊西街3号
邮政编码 100054
电　　话 010-83910684
网　　址 www.sinomaps.com
印　　刷 北京华联印刷有限公司
经　　销 新华书店
成品规格 235 mm × 300 mm
印　　张 24.5
开　　本 8开
字　　数 408千字
版　　次 2023年8月第1版
印　　次 2023年8月北京第1次印刷
定　　价 168.00元
书　　号 ISBN 978-7-5204-3315-0
审 图 号 GS京（2022）0454号
图　　字 01-2022-5145

本书中中国国界线系按照中国地图出版社1989年出版的1∶400万《中华人民共和国地形图》绘制。
如有印装质量问题，请与我社发行部（010-83543948）联系。

序言

在列入联合国教科文组织《世界遗产名录》的1157处（截至2022年12月）遗迹中，除了绝美的自然风光外，大多数均展现了人类自古以来的伟大智慧（900处）。创建世界文化遗产名录的目的，不仅是为了强调这些文化遗产的独特价值，更重要的是为遗产的保护工作贡献一份力量，确保能够将它们更好地传递给后人。

不断追求更高、更大以及超越极限的设计，建造者们创造了一个又一个不朽的杰作。这些遗迹展示了那个时代令人难以置信的建造技巧（例如秦始皇陵及兵马俑坑、吉萨金字塔群、帕伦克古城等），有些甚至成为今天的国家标志（例如长城、悉尼歌剧院、自由女神像、科尔科瓦多山的基督像等）。其设计者既有历史上的大人物（例如达·芬奇、米开朗基罗、古斯塔夫·埃菲尔等），也有无名之辈。所有这些遗迹都叙述着人类历史的辉煌和各自时代的翘楚。

在21世纪，人类越发意识到我们所居星球的脆弱。而如今人类在建筑层面上拥有更进一步的追求。人们会设计更加有效抵御自然灾害的建筑，更加重视使用需求、环保要求以及对新型资源的利用，倡导与自然的和谐统一，并像姆扎卜山谷城镇那样，在原有的建造基础上推陈出新。无论从局部还是整体上看，未来的建筑都会更好地融入其所处的环境。从古至今，人类对世界的认知与自身的生活方式一直在不断地更新和发展。

这本书就是我们送给你的一封旅行邀请函，让你穿越时空，游览世界各地，领略人类的智慧与才能，让你感到震撼的同时收获感动，或至少能让你萌发去旅行的想法。

目录

亚洲 >>

002—072

欧洲 >>

074—140

非洲 >>

大洋洲 >>

北美洲 >>

南美洲 >>

北京故宫（中国）

>> 规模最大的木质结构宫殿建筑群

北京故宫，旧称紫禁城，位于北京中轴线的中心，是中国明、清两代的皇家宫殿。北京故宫南北长 961 米，东西宽 753 米，四面围有高约 10 米的城墙，城外有宽 52 米的护城河，是中国古代宫廷建筑精华之大成，也是世界上规模最大、保存最完整的木质结构宫殿建筑群。

北京故宫由明成祖于永乐四年（1406 年）开始建设，占地面积约 72 万平方米，建筑面积约 15 万平方米，有大小宫殿 70 余座、房屋 8700 余间。主殿和偏殿都采用红墙黄瓦装饰，以小院落相隔。墙壁的红色寓意繁荣，琉璃瓦的黄色是皇家的御用色。整个建筑群分外朝和内廷两部分。外朝的中心为太和殿、中和殿、保和殿，统称三大殿，是国家举行重要典礼的地方；内廷的中心是乾清宫、交泰殿、坤宁宫，是皇帝和皇后居住的正宫。其后为御花园。如今的紫禁城已成为故宫博物院，馆藏了大量文物珍品，包括绘画、漆器、瓷器、乐器和铜器等，堪称艺术的宝库。

>> 游览建议

一年四季，来北京故宫参观的中外游客络绎不绝。建议在参观之前，浏览故宫博物院的官方网站或移动应用程序，了解开放时间、交通路线、参观须知等事项。游览北京故宫，既可以领略精美的古代建筑杰作，也可以欣赏各类历史文物展览。

在紫禁城住过的皇帝

明代
14 位皇帝

清代
10 位皇帝

长城（中国）

>> 万里长城

长城，又称万里长城，是世界上修建时间最长、工程量最大的一项古代防御工程。

长城修筑的历史可上溯到中国西周时期，著名的典故“烽火戏诸侯”就源于此。长城延续不断修筑了 2000 多年，主要分布于中国北部和中部，总计长度超过 2.1 万千米。秦灭六国后，秦始皇将早些时候一些断续的防御工程连接成一个完整的防御系统，用以抵抗中国北方游牧民族的袭扰。秦始皇以后，汉、晋、北魏、东魏、西魏、北齐、北周、隋、唐、宋、辽、金、元、明、清等十多个朝代，都不同规模地修筑过长城。明朝是最后一个大规模修筑长城的朝代，今天人们所看到的长城多是此时修筑，其中有许多享誉中外的名胜古迹，如八达岭、居庸关、山海关、嘉峪关等。现存长城文物本体包括长城墙体、壕堑 / 界壕、单体建筑、关堡、相关设施等各类遗存，总计 4.3 万余处（座 / 段）。

>> 游览建议

游览长城有很多去处。最有名也是游客最多的一段是离北京城区不远的八达岭长城。游客可以当天往返景区和市区。司马台长城是中国唯一一处保留明代原貌的长城。除了白天登长城观赏美景外，夜游司马台长城也是不可错过的体验。

雄伟的长城

秦始皇陵及兵马俑坑（中国）

>> 规模巨大的陵墓

秦始皇陵建于秦王政元年（公元前 246 年），秦二世二年（公元前 208 年）竣工，历时 39 年，是中国历史上第一座规模庞大、设计完善的帝王陵寝。秦始皇自公元前 210 年起就长眠于此陵寝中。据史料记载：秦始皇陵筑有内外两重夯土城垣，是秦帝都咸阳皇城和宫城的象征。经过多年的考古发掘，考古工作者已在秦始皇陵陵区发现大量形制不同、内涵各异的陪葬坑和墓葬，规模之大、陪葬坑之多、内涵之丰富，为历代帝王陵墓之冠。为防止挖掘对文物造成损害，秦始皇陵封土及地宫至今尚未挖掘。

兵马俑坑是伴随着秦始皇陵的一支规模庞大的陶俑军队。兵马俑坑位于秦始皇陵封土以东约 1.5 千米处，现已发现了三个坑，总面积达 2 万余平方米。这不仅是个不朽的杰作，也是中国古代雕塑的重要代表。现已发掘的兵马俑有 7000 多件。兵马俑皆仿真人、真马制成，按作战方阵排列，背向皇帝站立。其中，武士俑面目各异，从服饰、甲胄和排列位置可以区分出它们的不同身份。

>> 游览建议

兵马俑坑景区距离西安有 1 小时车程。由于坑道已全被覆盖保护，所以任何天气去参观都没问题。最佳参观时间是每年 10 月至次年 4 月，建议避开公共假期。最好在开门后第一时间前往参观，游客会少一些。

关于陵墓建造的几个数据

建造时长为
39 年

参与建造的工匠数量为
72万人

已探明的陪葬坑和墓葬有
600 多个

红河哈尼梯田文化景观（中国）

>> 中国最美的山岭雕刻

在过去的1300多年间，中国哈尼族人民发明了复杂的沟渠系统，将山上的水从草木丛生的山顶引至各级梯田——哈尼梯田。他们还创造出一个完整的农作体系，支持了当地主要谷物——红米的生产。遗产区内有哈尼族、彝族等七个世居民族和谐相处。元阳县哀牢山就在哈尼梯田的核心区，当地的梯田景观壮丽。梯田如等高线分层般从海拔2000米的山巅一路蜿蜒至山脚下，级数最多处有3700多级，被誉为“中国最美的山岭雕刻”。红河哈尼梯田文化景观是在亚热带季风气候条件下、崇山峻岭环境中人类生态系统的杰出范例。当地人以其特有的生产生活方式，诠释了人与自然和谐共生的典范。

清晨这里大部分的梯田都会笼罩在薄雾中。随着时间推移，薄雾神奇般地渐渐散去，巨大的“天国阶梯”映入眼帘。梯田从一年中的5月开始蒙上浅绿的颜色，然后渐渐变黄。雨中的梯田仿佛成千上万的镜子，映照出天空的颜色，令人惊叹。这里除了有多样的景色，更有适合各类蔬菜水果生长的肥沃土地和宜人的气候。

>> 游览建议

老虎嘴梯田最低，一般隐藏在云下，可以站在山顶欣赏其景观。坝达梯田的最佳观赏时间是每天傍晚。很多摄影爱好者会在夕阳西下，满天红霞时来这里拍照。多依树梯田最美的时刻则是日出时分，具有梦幻般的色彩。

2019 年稻米产量最多的五个国家

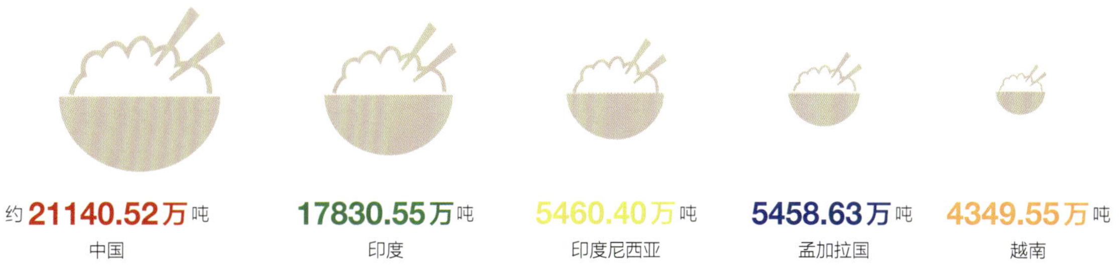

乐山大佛（中国）

>> 宁静安详的大佛

乐山大佛又称凌云大佛，开凿于唐代开元元年（713 年），完成于贞元十九年（803 年）。乐山大佛距今已有 1200 多年的历史，虽经历千年风雨，依旧保持着盛唐时期的雍容风貌。大佛为弥勒坐像，通高 71 米，是中国最大的一尊摩崖石刻造像。古人在濒大渡河、青衣江和岷江三江交汇处，面向江水的红岩山坡上雕刻石佛，是为了减煞水势，永镇风涛。大佛能够千年保存完好，除了历代的维护，还得力于大佛本体的巧妙设计——有效地减免了雨水对大佛的直接冲刷以及岩体渗水对佛身的侵蚀。

在潮湿多雾的天气里，大佛看上去似从云中升起一般。坐在船上能更好地体会佛像的宏伟。步行游览时首先要经过一座展出着世界各地石刻佛像的主题公园，随后登上山顶观赏佛像，再通过沿山体修建的小径到达大佛的脚下。参观的队伍通常很长，但是值得等待，因为踩着陡峭的楼梯下行时可以从各种高度且没有任何阻碍地欣赏大佛，整个过程令人震撼。

>> 游览建议

团体游客们通常会在中午乘大巴到达，因此建议在上午公园开门时和下午晚些时候前来参观乐山大佛。在景区关闭之前背着落日的余晖沿着小径从山上走下来，能够感受到特别的宁静与安详。游览的最后，建议在出口处的石桥上停留一刻，再欣赏下乐山大佛的壮观全景。

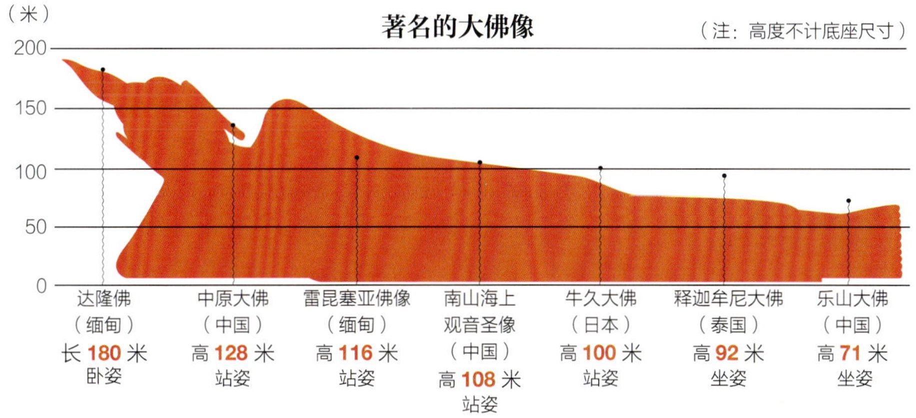

布达拉宫（中国）

>> 世界屋脊上的明珠

布达拉宫坐落于拉萨市中心海拔3700米的红山上，建于公元7世纪吐蕃王朝第三十三代赞普松赞干布时期，当时被称为红山宫。随着吐蕃王朝的解体，宫殿被逐渐毁弃。17世纪，五世达赖喇嘛在红山宫的旧址上重新修建了宏伟的宫殿，称布达拉宫。此后历代达赖喇嘛又相继扩建，终成布达拉宫如今的规模。从17世纪中叶到1959年，布达拉宫一直是历代达赖喇嘛生活起居和从事政教活动的重要场所，与中国西藏历史上历代达赖喇嘛以及多位重要人物，如松赞干布、文成公主、尺尊公主等都有着十分重要的关系。

布达拉宫依山势而建，规模庞大，气势宏伟，主建筑共13层，高约115米，建筑面积约13万平方米。现存的设计、材料、工艺、布局等均保存自公元7世纪始建以来历次重大增扩建和重建的原状。布达拉宫在美学成就上达到了无比的高度，无论是建筑设计、雕刻绘画，还是数以万计的文物藏品，都代表了中华民族艺术的伟大成就，是了解藏族历史和中国多民族文化融合的珍贵物证。

>> 游览建议

春、秋是游览拉萨的理想季节。游览布达拉宫之前建议选择好的向导，帮你规划参观路线并提供讲解服务。宫殿内部的结构比较复杂，参观时会随着人流不停地在迷宫般的宫殿里前行。

红宫——布达拉宫主体建筑之一

位于布达拉宫中部，主要包括达赖喇嘛的灵塔殿和各类佛殿

共有 **8** 座存放着各代达赖喇嘛法体的灵塔

十三世达赖喇嘛灵塔殿是最晚的建筑，1933 年动工，**3** 年建成

福建土楼（中国）

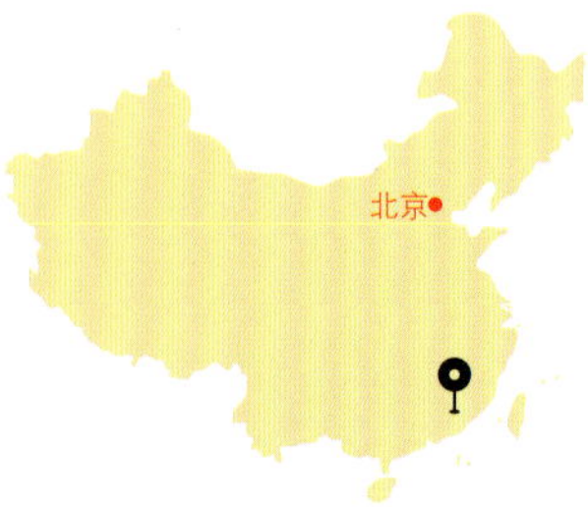

>> 人类居住的杰出典范

土楼是生活在中国东南地区客家人的传统住宅，产生于宋元时期，成熟于明末、清代和民国时期，其形成与历史上中原地区几次人口大迁徙有关。土楼被誉为“世界上独一无二的集居住和防御功能于一体的民居建筑”。土楼与山水交融、与天地参合，是人类民居的杰出典范。目前，福建省永定、南靖、华安三地的 46 座福建土楼于 2008 年被列入联合国教科文组织的《世界遗产名录》。

福建土楼按照外形可分为方楼和圆楼。每一座都是多层建筑，中心有一个公共庭院，所有的房间都围绕院子而建，以方便族人交流或聚集力量。用黏土、泥和糯米混合制成的土楼外墙厚度达一至两米，不仅具有防火和抵御外敌入侵的功能，还有防风、抗震的效果。大型土楼甚至拥有 400 多个房间，可以容纳 800 人居住生活。福建土楼以其神奇的聚落环境、特有的空间形式、绝妙的防卫系统、巧夺天工的建造技术和深邃的文化内涵，令世界瞩目。作为群居生活象征的福建土楼如今仍保留着原有的模样，吸引着众多游客和建筑师前来参观。

>> 游览建议

依山傍水的永定区洪坑土楼游客众多。由厦门乘公交车或旅游大巴前往比较方便。由于该地区台风频繁，应适当准备一些可以速干的衣服。“土楼之王”是位于华安县的二宜楼。二宜楼以其规模宏大、设计科学、布局合理、保存完好闻名遐迩。

关于永定土楼的几个数据

土楼总数为 **2万** 余座

其中清代以前建造的约占 **1/3**

最高的有 **6** 层

京都古迹（日本）

>> 古都的遗迹

京都文化积淀深厚，是日本佛教中心，被誉为日本人的“心灵之都”。位于京都及其周边的东寺、西芳寺、清水寺、二条城等 17 处古迹于 1994 年被联合国教科文组织列入《世界遗产名录》，其建造的时间大多为 10 世纪至 17 世纪。除二条城外，其余古迹均为宗教相关场所。

参观京都古迹首选寺院，著名的有日本最高的木质寺庙——57 米高的东寺，种植着上百种苔藓植物的西芳寺，以及能俯瞰城市全景的清水寺等。清水寺有包括三层塔在内的多座建筑，是京都的热门旅游景点之一，每年吸引游客高达 500 万人次。此外，面山而建、高 15 米的观赏平台，也深受游客喜爱。

>> 游览建议

与奈良比，这里的景点分布较分散，你很难在一天的时间内游览完京都全部古迹。如果参观时间紧张，从京都中心出发最好先去步行 30 分钟可到达的清水寺。每年 11 月中旬至 12 月初，这里都会举行夜游点灯仪式，重要场所都会亮起灯，营造出祥和的氛围。

京都历史上几个重要的时间节点

794 年，京都成为皇室内廷所在地

1603 年，京都被江户取代，失去政治和行政中心的地位

1868 年，皇室从京都迁往日本的新都东京（原称江户）

姬路城（日本）

>> 电影中的“明星”

看过黑泽明导演的电影《乱》和《影武者》的电影爱好者们一眼就能认出片中出现过的姬路城。保存完好的城墙和六层天守阁让这座漂亮、古老的建筑成为历史剧导演们的宠儿。

姬路城是 17 世纪早期建造的全木质城堡，它在军事和建筑设计方面占据着独一无二的地位。防御系统的设计旨在让进攻者迷失方向。菱门（最外层入口）在军事上是一个用于包围入侵者的陷阱，无数机关万箭齐发可将来犯之敌一网打尽。城堡轻盈的白色外形还为自己赢得了“白鹭城”的称谓。姬路城在 19 世纪时险些被夷为平地。当时一位居民以不可思议的超低价 23 日元拍得了这片土地并准备开发，最终还是因为拆除费用太高才作罢。此后姬路城又幸运地在地震和战争的炮火中保存了下来。

>> 游览建议

在经历了 2010 年和 2015 年两次维修之后，姬路城和公园全年对外开放。乘新干线从京都、大阪到这里分别需要半小时和一小时。最佳旅游时节是春天樱花绽放的季节。平常的周末这里也会非常拥挤，但可以欣赏到身穿古代铠甲和忍者装束的游行队伍。

关于姬路城的几个数据

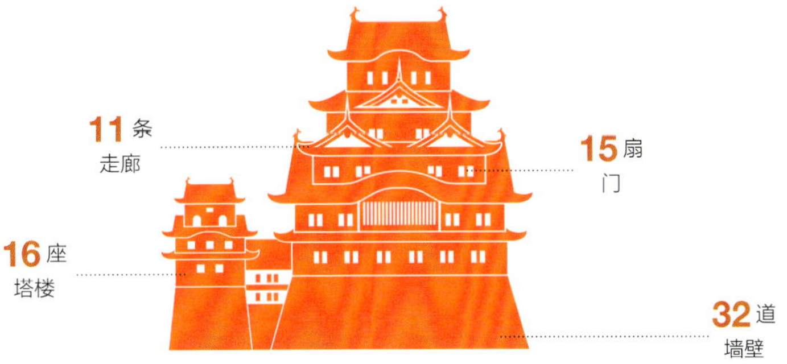

奈良古迹和法隆寺（日本）

>> 繁华的旧都城

奈良在公元 710 年至 784 年是日本的首都，当时称平城京。虽然当时奈良城面积非常小，但遗存的历史遗迹足以证明当时的繁华。奈良古迹总共有八处，分散在今天这个现代化的城市中。其中，平城宫是举行宗教和政治仪式的地方；春日大社始建于公元 768 年，后被战火烧毁，现在的建筑是江户时代重建的；春日山因春日大社而被视为圣山，春日山原始林从公元 9 世纪开始禁止狩猎和伐木；另外的五处古迹都是佛教寺院。

同样位于日本奈良的法隆寺比奈良古迹早 5 年被列入《世界遗产名录》。这座建于公元 607 年的寺院是世界上最古老的木结构建筑之一，其主殿极具代表性。寺院墙壁上的壁画也非常有名，但现在游客能看到的是复制品，原画在 1949 年的火灾中被烧毁。

>> 游览建议

奈良宁静祥和，文化内涵丰富，值得游人在此驻足数日品味。但如果时间紧迫也可以只用一天的时间游览火车站周边的主要景点。奈良公园也非常值得一游，在公园中还可以近距离接触野生的小鹿并给它们喂食。

奈良的八处古迹

平城宫占地 129 公顷 （考古遗迹）	**春日山占地 298 公顷** （原始林）	**春日大社占地 93 公顷** （神道神社）	**东大寺占地 69 公顷** （佛教寺院）
兴福寺占地 12.4 公顷 （佛教寺院）	**唐招提寺占地 9.1 公顷** （佛教寺院）	**药师寺占地 5 公顷** （佛教寺院）	**元兴寺占地 0.8 公顷** （佛教寺院）

富士山（日本）

>> 日本第一高峰

一些云层会因它们所覆盖的山峰而有名，例如：勃朗峰的山帽云，南非的桌布云，以及富士山的透镜云。富士山，又称作“芙蓉峰”或“富岳”，海拔 3776 米，是日本第一高峰。它形成于 6 万年前，位于地壳三大板块交界处鲜有的平坦区域。

富士山北麓的河口湖中的富士山倒影十分迷人。放眼望去富士山周边处处是美景，瀑布、森林、洞穴、古老的小镇等。富士山集天堂、大地、火焰于一身，是日本人崇敬的圣地。这里最初禁止女性进入。直到 1867 年，一位女扮男装冒险者的进入才打破了这一禁忌，也算是为之后女性进入富士山开辟了道路。

长久以来，富士山都是园林等艺术作品，诗歌、散文等文艺作品的灵感来源和创作题材，经常出现在日本传统的诗歌和绘画作品中。富士山作为神圣之地和艺术之源，于 2013 年被列为世界文化遗产。

>> 游览建议

富士山登山步道是收费的，且仅在 7 月和 8 月对游客开放，有时也会延长到 9 月初。但是建议不要在周末和日本的盂兰盆节来富士山，此时这里人流量太大，过于拥挤。芦之湖北倚富士山，是非常迷人的旅游景点，可以从东京乘坐新干线前往。富士五湖位于富士山的北麓，景色淳朴自然，特别适合夏季骑车游览。

富士山的气象观测数据

台风期间，由气象站记录的最快风速为 300 千米 / 时

当山腰上第 5 监测站监测的温度为 20℃时，此时东京温度为 30℃

山顶此时的温度为 0℃，且寒风凛冽

吴哥古迹（柬埔寨）

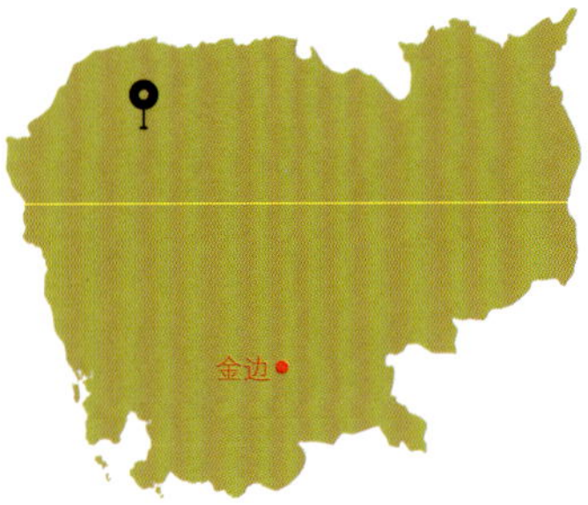

>> 被“藏起来”的古迹

巨大的吴哥城是公元9世纪至15世纪高棉帝国的都城，也是高棉帝国昌盛的见证。人们透过城内的遗迹，依然可以感受到高棉文明的强盛与艺术视野。这里众多的塔、楼和庙宇都是砖石结构，大部分可追溯到阇耶跋摩七世统治时期。也多亏了这位君主，我们才能够欣赏到这些美轮美奂的建筑。但吴哥古迹中最著名的宗教建筑——吴哥窟却是他前任们的杰作。

吴哥古迹能够如此完好地被保存，其周围巨大的护城河功不可没。1431年吴哥城被遗弃之后，很快就被茂密的植被所覆盖。游人穿过塔布隆寺的围墙，就会感受到当初冒险家发现森林中隐藏的这个惊天秘密时的心情。巨大的树木根蔓伸进了墙壁和石碑的裂缝。它们截断了石柱，像大章鱼一样向下扎进土里，向上则穿透了厚重的屋顶。但树木毁坏建筑的同时也保护了它。它的小根蔓像细小的触手温柔地支撑着这些残垣断壁并填补着砖石微小的缝隙，像母亲一般保护着这片遗迹。

>> 游览建议

每年 10 月至次年 3 月参观吴哥古迹的游客最多。夏天来吴哥古迹可以避开大量的人群并且能更好地参观该景点。旅游期间，在参观完必去景点吴哥窟后，还可以前往周边一些小型的寺庙，体会片刻的宁静并欣赏当地优美的环境。

关于吴哥窟的几个数据

台基上共有 5 座宝塔，正中央的宝塔高出地面 **65.5** 米

全部宝塔、门楼都以石刻的莲花浮雕装饰，约 **1 万**处

建筑外墙四周有宽 190 米的壕沟，壕沟东西长 **1500** 米，南北宽 **1300** 米

蒲甘（缅甸）

>> 万塔之城

在蒲甘你可以深入了解佛塔的意义。蒲甘王朝的历代君王曾在此大建佛塔，先后建造的佛塔达万余座，故蒲甘又被称为“万塔之城”。虽然大部分佛塔被战乱和地震损毁，但是仍有 2000 多座佛塔和寺庙散落在伊洛瓦底江附近的平原上。

蒲甘位于缅甸中部、伊洛瓦底江中游左岸，拥有世界上最大、最密集的佛教寺庙、宝塔和佛塔建筑群，是缅甸佛教艺术和建筑的圣地，也是亚洲三大佛教遗迹之一。除了瑞喜宫佛塔、阿难陀寺、妙泽蒂塔等一些游客常去的景点，这里还有从小祭台到巨型镶金拱顶在内的各种建筑，遗迹令人称奇。到此游览，建议请一名当地导游陪同，乘马车、骑电动车或自行车游览，精华景点不容错过。清晨还可以参加向僧侣布施食物并获得祝福的活动。

>> 游览建议

这里的景色再一次印证，世界属于早起的人，美景亦然——沐浴在清晨橙色薄雾中的蒲甘平原十分壮美。在清晨或夜幕降临之前，乘坐热气球可以欣赏到特别的风景。黄昏时分，可以找一座规模较小、游客较少的寺庙，在落日中安静地欣赏美景如画。

瑞喜宫佛塔拥有蒲甘最高的 **4** 座铜佛像，每座高达 **4** 米

瑞喜宫佛塔

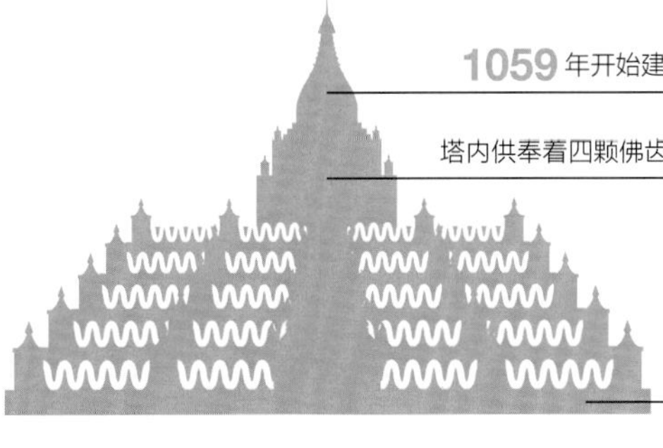

素可泰古城（泰国）

>> 曾经的都城

历史学家普遍认为，13 世纪素可泰王朝的建立标志着泰国的诞生。素可泰由此成为泰国的第一个都城。素可泰古城的许多历史遗迹现在被规划成为素可泰历史公园的一部分，公园内还有池塘、花园、堤坝等。多次的考古发掘都证明了素可泰王朝曾经辉煌卓越的艺术成就。

素可泰古城现存上百处遗迹，包括著名的蓝坎亨国王王宫、玛哈泰寺（也称圣骨寺）、有巨大佛像的西春寺以及坐落在山顶的沙潘欣庙等。与这里的其他寺庙一样，沙潘欣庙也在素可泰王朝臣服于大城王朝后遭遗弃，此后的几百年间一直被茂密的植被覆盖。

>> 游览建议

素可泰历史公园占地面积 70 平方千米，租自行车骑行参观较方便（公园内禁止驾驶机动车）。公园没有通票，因此在公园北区、西区、中心区的入口都必须单独购票，东区和南区免票。宗教节日时，当地人会在公园的建筑内举行活动，此时前往素可泰旅游能更好地体验泰国文化。

素可泰王朝历史上几个重要的时间节点

1238 年，素可泰王朝建立

1378 年，成为大城王朝的臣国

1438 年，被大城王朝吞并

大城古镇（泰国）

>> 不可战胜之城

1350 年，乌通王在大城建都，史称大城王朝。不久其吞并素可泰王朝，大城就成了古代泰国另一座重要的都城。大城又称阿瑜陀耶，在泰语中意为“不可战胜之城”。由于拥有百万的人口规模及优越的地理位置，它成为当时世界上最大的城市之一。

大城虽然被三条河围绕，城池易守难攻，但还是不幸被缅甸军队攻占并被焚毁。此后郑信王将都城迁往吞武里，建立了吞武里王朝。大城昔日的繁华和富足就此终止，成为遍布佛塔和寺院的废墟。在冲突中，有一颗佛像头刚好落入附近的树根中。这颗神奇的佛首因受到佛教信众和僧人们推崇而广为人知，成为圣物。1991 年大城古镇被联合国教科文组织列入《世界遗产名录》，此后每年都会进行修复工作。

>> 游览建议

游客在大城古镇可骑自行车、乘嘟嘟车或者汽车游览。这片巨大的遗址区内坐落着大约400座寺庙，比较著名的有柴瓦塔纳兰寺、帕喜善佩寺、玛哈泰寺、拉乍布拉那寺、崖差蒙空寺和以巨型卧佛（42米长）而闻名的罗卡雅苏塔寺。

关于大城的几个重要历史时间节点

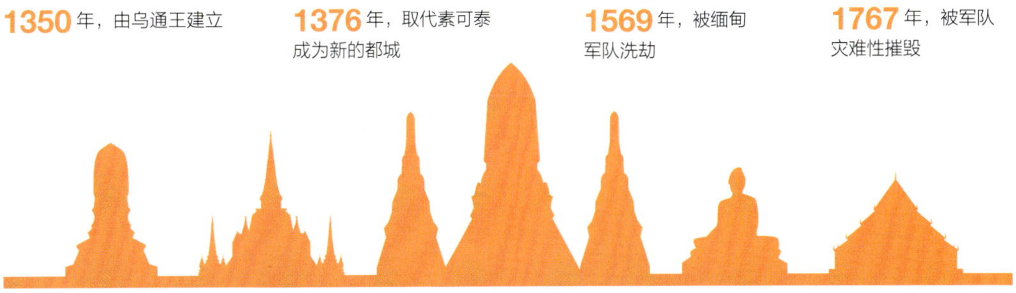

婆罗浮屠寺庙群（印度尼西亚）

>> 山丘上的佛塔

清晨三四点开始，游客便席地而坐，等待太阳升起。当太阳在默拉皮火山旁出现时，寺庙的佛塔在橙红色的天空下首先呈现墨色，随后镀上一层金色。

婆罗浮屠寺庙群的主塔是位于山顶的金字塔形建筑，占地面积 2500 平方米，建造时间为公元 8 世纪至 9 世纪。主塔呈下方上圆的阶梯形锥体，下方的六层回廊和上方的三层圆台围绕着一座巨大的舍利塔。回廊的浮雕讲述了悉达多王子，也就是后来的释迦牟尼探寻极乐世界的过程。站在塔顶端可以俯瞰整个平原，甚至可以看到仍未熄灭的火山。

该寺庙群在 1000 年前被遗弃，直到 19 世纪才重新被发现。在被人们遗忘的漫长岁月里，由于地震、火山喷发和植被侵蚀等原因建筑遭到了严重破坏。如今被修复的婆罗浮屠寺庙群仍然是重要的朝圣地，尤其在每年 5 月或 6 月释迦牟尼纪念节日期间的满月之口。

>> 游览建议

在某些季节，太阳在婆罗浮屠寺庙开门之前就已升起。通过旅行社或旅馆的安排，可以在黎明之前到达景点欣赏日出。由于寺庙是祭祀的场所，前往时建议穿着得体的服装或在短裤上罩上一件纱笼。

印度尼西亚的宗教信仰

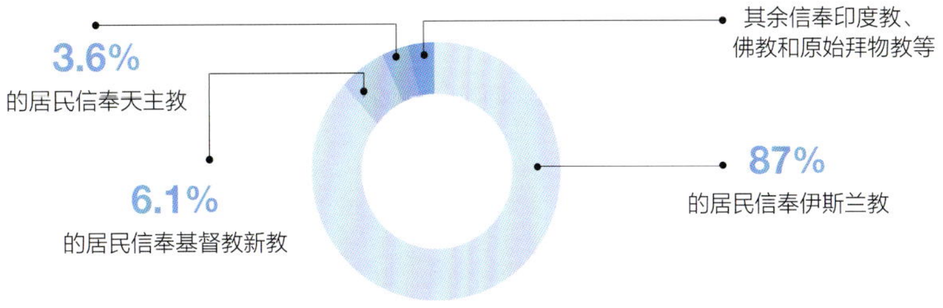

泰姬陵（印度）

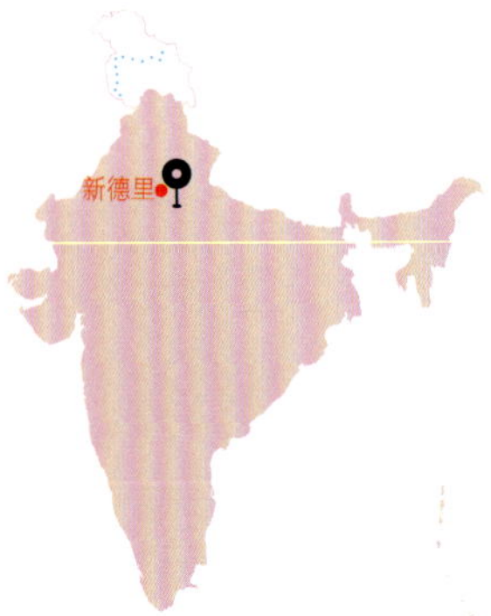

>> 永恒的芬芳

泰姬陵是莫卧儿帝国的皇帝沙·贾汗为纪念其爱妃建造的，为世界上最著名、最迷人的陵墓之一，被誉为“完美建筑”。当时最杰出的工匠们花费22年时间才完成这一伟大工程。

泰姬陵外墙由白色大理石堆砌而成，上方盖有圆顶，陵墓主体周围竖立着四座细长的宣礼塔。为了防止宣礼塔在地震时倾倒而损坏陵墓主体，在设计建造时特意使塔身略微外倾。当时莫卧儿帝国最漂亮的建筑材料都被运送到首都阿格拉，用来建造这座艺术瑰宝。工匠们用无数颗宝石、珊瑚、石榴石、绿松石和碧玉打造出的装饰可以与《一千零一夜》中的相媲美。外墙上镌刻的《古兰经》苏拉（译者注：苏拉在《古兰经》中是“章”的意思）中提到了“乐园”有水河、乳河、酒河和蜜河。

据说沙·贾汗曾计划在亚穆纳河对岸用黑色大理石为自己修建一座一模一样的陵墓来守护他的爱妃。只有黎明时分，当泰姬陵整座建筑都沐浴在粉色的晨光中时，才能充分领会陵墓的神奇及其表达的情感。

>> 游览建议

泰姬陵早上 6 点就向游客开放了，清晨，你可以赶在人流和炎热到来之前，站在亚穆纳河的对岸欣赏这座遗迹的全景，也可以在满月之夜游览泰姬陵。

关于泰姬陵的几个数据

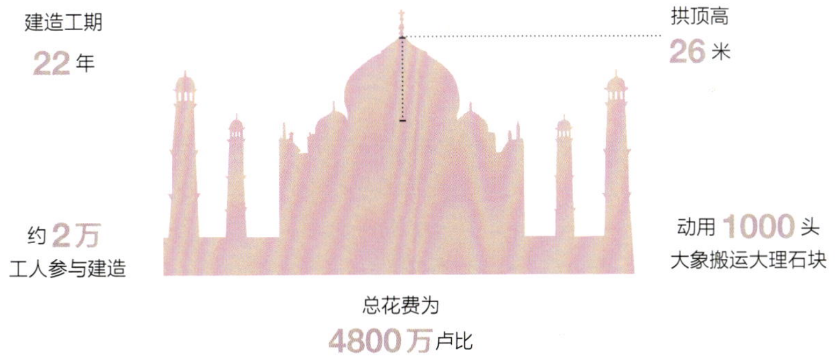

红堡建筑群（印度）

>> 独立的象征

红堡建筑群位于今新德里以北的德里老城区，包含红堡和萨林加尔古堡两座城堡。

红堡的名称来源于其建造材料——红砂岩和石块。17 世纪红堡由莫卧儿帝国皇帝沙 · 贾汗建造，是莫卧儿帝国时期的皇宫。红堡的高墙内不但建有多座宫殿，还有两个审判室（一个公开一个私密）以及清真寺和花园。红堡整体虽然为伊斯兰风格建筑，但却融合了波斯和印度教的传统特色，是莫卧儿王朝建筑的典型代表，对整个拉贾斯坦邦的建筑风格产生了重大影响。英国殖民时期，红堡曾是举办许多政治活动的场所。此后这里成为印度独立（1947 年）的象征，每年 8 月 15 日国庆日，这里都会举办庆祝活动，印度总理通常会在这一天发表讲话。

萨林加尔古堡位于红堡的东北角，其建造时间为 1546 年。红堡建筑群于 2007 年被列入《世界遗产名录》。

>> 游览建议

红堡是印度游客最多的景点之一，早上太阳升起时这里就对外开放，傍晚在声光演出结束后关闭。演出主要讲述的是与德里相关的一些重要历史重大事件。红堡的最佳旅游时间是每年 10 月至次年 3 月。每周一红堡不对外开放。

关于红堡的几个数据

奇陶尔加尔堡（印度）

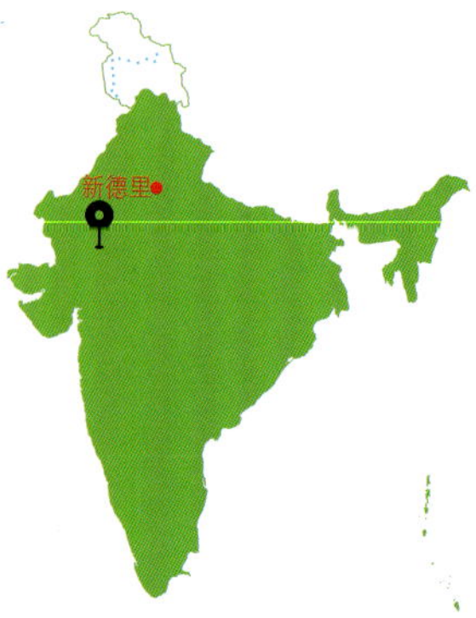

>> 巨大的堡垒

奇陶尔加尔堡是拉贾斯山地要塞所包含的六座堡垒之一，也是印度拉贾斯坦邦最大的堡垒。它见证了梅瓦尔土王朝多舛的命运以及战士们的英勇气概。从公元 8 世纪奇陶尔加尔堡在这片岩石高地上建成后（始建于公元 7 世纪），诡计、背叛、围城和血腥暗杀就在此不断上演。

蜿蜒的小路和七扇巨大的防御性大门使堡垒的入口显得十分壮观。穿过城门后，可以参观拉纳库姆巴王宫、帕得米尼宫以及为朝拜太阳神建造的神庙。这里的标志性建筑是两座塔，即名誉之塔和胜利之塔，塔上有露台以及漂亮的众神雕像。在夜晚的灯光下，双塔看上去更加庄严。登上 157 级台阶可以俯瞰下方遍布蓝色屋顶的现代城市。

>> 游览建议

每年 10 月到次年 3 月是游览印度北部的最佳时节。来到拉贾斯坦邦可以沿着当地传统的交通路线逐个参观景点。奇陶尔加尔堡只是拉贾斯坦邦众多景点中的一个代表，在拉贾斯坦邦还可以前往神奇的玫瑰之城斋浦尔和以湖中宫殿闻名的乌代布尔参观。

奇陶尔加尔堡的规模

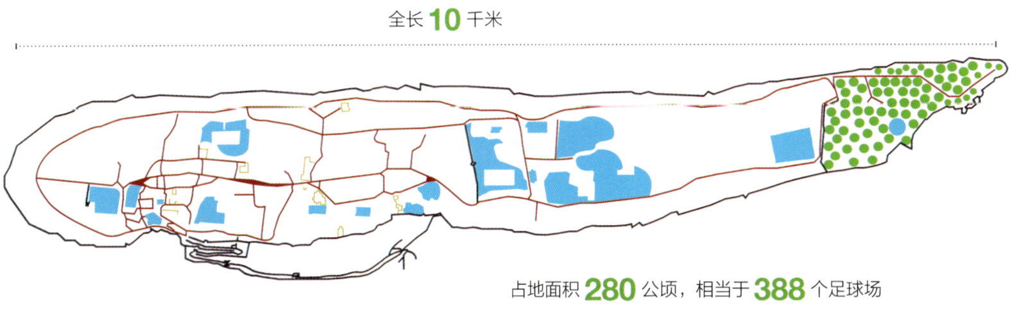

克久拉霍古迹（印度）

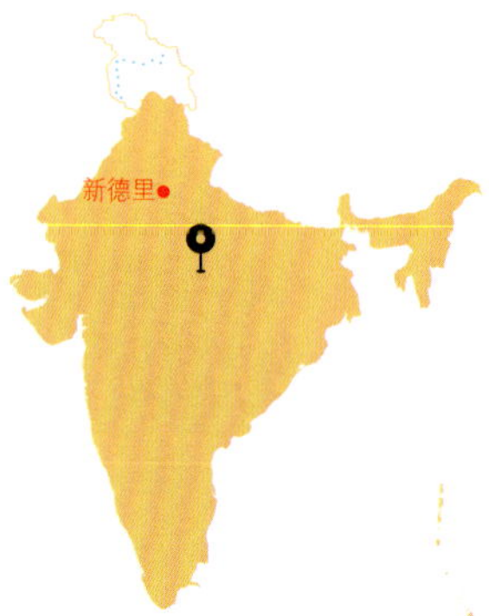

>> 昌德拉王朝的遗珠

公元 950 年至 1050 年，昌德拉王朝在克久拉霍这个偏远的小城建都，并在这一时期建造了规模宏大的神庙群。全盛时期这里有多达 85 座建筑，主要用于举办当时处于兴盛时期的耆那教和印度教仪式。即使在昌德拉王朝灭亡后，人们仍然在这处典型的印度北部风格的建筑群内举办着宗教活动，到 14 世纪这里才被逐渐遗弃。

在被遗忘多年后，人们在 1840 年重新找到了埋没在丛林中的克久拉霍古迹，但只有 22 座建筑幸存了下来。让克久拉霍古迹闻名于世的是其大量的精美雕刻。其中有数百幅表现性爱的浮雕，情景可谓非常大胆，据说能够驱除厄运。最大的坎达里亚 · 摩诃提婆神庙的外墙上雕刻数量最多。30.5 米高的神庙上聚集了近 900 尊黄砂岩雕像，其内部则比较朴实，与其他的神庙差异不大。

>> 游览建议

克久拉霍古迹的22座建筑分为东、西、南三组，它们的外墙比内部更值得一看。半天时间足够参观完所有建筑，还可以花点时间参观此处的三座博物馆：克久拉霍考古博物馆、耆那教博物馆和阿蒂法部落民间艺术博物馆。购买克久拉霍古迹门票的游客可以免费参观博物馆。

建造年份：根据不同资料的记载，应在 **1029—1050** 年间

坎达里亚·摩诃提婆神庙

雕像数量：外部 **646** 尊，内部 **226** 尊

锡吉里耶古城（斯里兰卡）

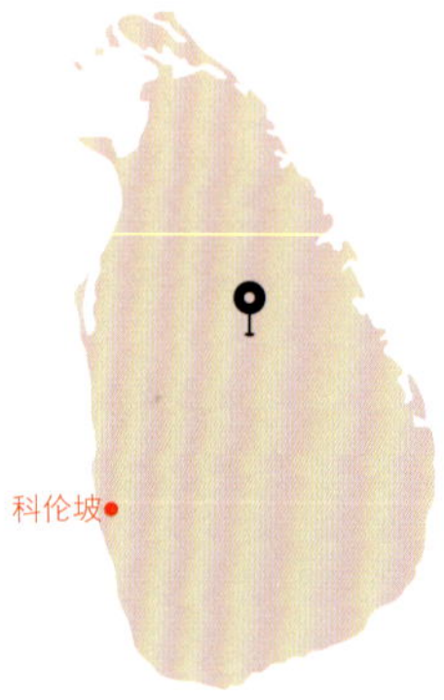

>> 弑父国王的遗迹

在斯里兰卡岛中部茂密的森林中矗立着一块海拔约 350 米的巨石，顶端至今残存着一座王城的地基。因通往巨石的阶梯看上去像从一张石狮口伸出，所以巨石被称作“狮子岩”。岩石洞窟里的壁画证明这里早在公元前就有人居住了。

锡吉里耶曾是弑父国王迦叶波一世（公元 477—495 年）的都城。这位王子夺权后为了躲避他兄弟——合法继承人莫加兰的复仇而在狮子岩上修建了这座空中堡垒。18 年后莫加兰来此夺位，虽然堡垒占尽了地理位置优势，但事实证明它并不是坚不可摧。此后，锡吉里耶因其地理位置和清净环境，成为僧侣修行地，后来又逐渐被人遗忘，直到19 世纪才被英国考古学家重新发现。同时被发现的还有描绘在岩石上的年轻女性壁画和一面表面被完美抛光的，被当地人称为“镜墙”的砂岩墙。

狮子岩脚下，迦叶波一世修建的花园和护城河依旧在。据传当年的护城河中喂养着许多鳄鱼，至今那些鳄鱼后代还在那儿出没。

>> 游览建议

攀爬上千级台阶到达狮子岩顶端需要两至三个小时。游客在上面不仅可以欣赏壮丽的风景，还可以参观古城的遗迹。登山过程中一定要小心经常出现在这里的大胡蜂。建议在清晨 7 点开门时到达入口处，可从丹布勒乘公交车或嘟嘟车前往。锡吉里耶古城全年任何时候都是斯里兰卡游客最多的景点。

关于锡吉里耶古城的几个数据

狮子岩海拔为 **350** 米

根据不同资料，需攀爬的台阶数量为 **1200~1500** 级

最大胡蜂群的大小为 **7** 米 × **3** 米

与首都科伦坡之间的距离为 **169** 千米

布哈拉古城（乌兹别克斯坦）

>> 丝绸之路上的重要城市

布哈拉这个城市的名称来源于古突厥语，意为“富饶之地”。地处丝绸之路重要节点的布哈拉曾是中亚重要的文化和经济中心，在长达数个世纪的时间里，这里是巨贾们往来欧亚的必经之地。

有着 2000 多年历史的布哈拉古城拥有上百座风格各异的建筑。具有中亚建筑杰作之称的伊斯梅尔·本·艾哈迈德的陵墓用沙漠色彩的砖头砌成，里面安息的是萨曼王朝的第一位君主。此外还有著名的古迹雅克城堡。雅克城堡建于公元 1 世纪，为一个综合建筑群，包括数间宫殿、官吏们的住所、清真寺、兵器库等，甚至还有一所监狱。在上千年的历史里，雅克城堡曾数次被毁又数次被重建，如今仅存为数不多的几座建筑，其中保存依然完好的建筑都是近 300 年内建造的。雅克城堡是布哈拉中世纪文明的象征，见证了布哈拉悠久的历史。

>> 游览建议

布哈拉古城不仅是很好的文化旅游目的地，也是休闲的好去处。城堡博物馆每天在14:30关门，参观完博物馆后可以到利亚比水畔寻找片刻的宁静，这是布哈拉黄金时期仅存的池塘之一。想要体验当地美食的游客，集市是不容错过的地方。

布哈拉历史上几个重要的时间节点

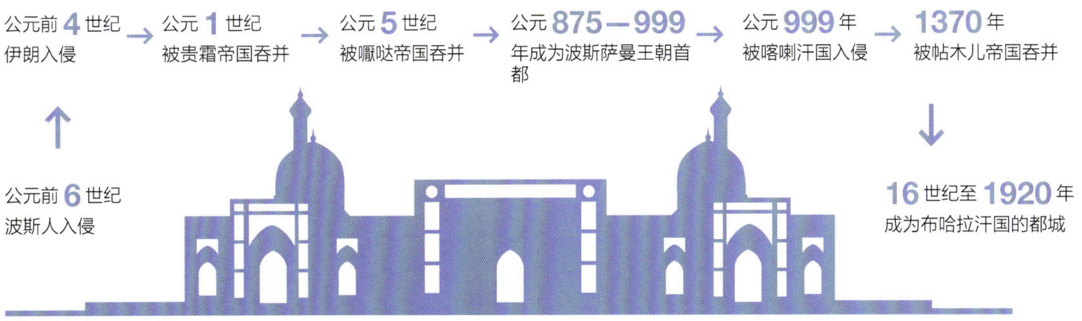

波斯波利斯（伊朗）

>> 帝国的遗址

在伊朗西南部的善心山山脚下，矗立着世界上最大的考古遗迹之一波斯波利斯。波斯帝国强大的君主大流士一世为了彰显自己的实力，于公元前 518 年下令在此兴建都城。此后大流士一世的儿子、孙子们在这里继续增建宫殿。阿帕达纳宫就是其中的一座。这座别名“大流士觐见宫”的宫殿能够容纳 1 万人。波斯波利斯的整个建筑群位于面积约 13 公顷的高台上，四周的墙壁伴有雕花的框缘。登上高台需要经过一段巨大且遍布浮雕装饰的石阶路。石阶路左右对称，各有一段。阶梯的坡度很小，方便骑士策马循阶进入。

公元前 331 年，马其顿君主亚历山大向波斯发动进攻。波斯波利斯被洗劫一空，在大火中尽毁，随后被遗忘和抛弃。此后考古学家们频繁地到现场调查，但直到 17 世纪才确定这里曾是波斯阿契美尼德王朝的第二个首都。真正的挖掘工作 1878 年才开始，至今仍未结束。

>> 游览建议

可以选择驱车前往这处位于伊朗茫茫荒漠中的遗迹。也可在离波斯波利斯最近的城市——70 千米以外的设拉子乘出租车、公交车等前来参观。遗迹的面积不算大，两至三个小时可以参观完成。帕萨尔加德宫和阿契美尼德陵寝距离波斯波利斯只有几千米距离，这几处可以一起游览。

关于波斯波利斯巨型石阶路的几个数据

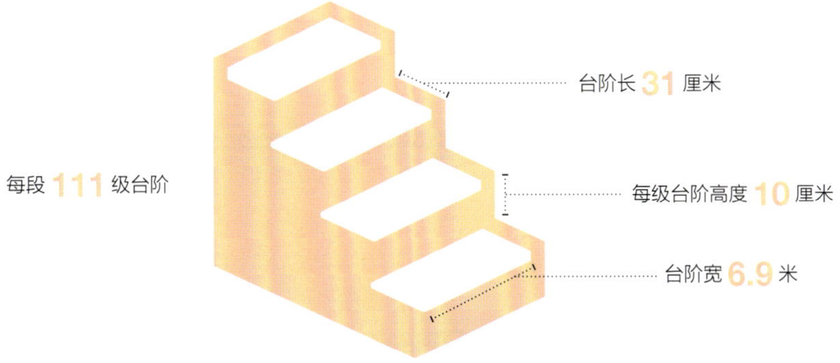

艾因文化遗址（阿拉伯联合酋长国）

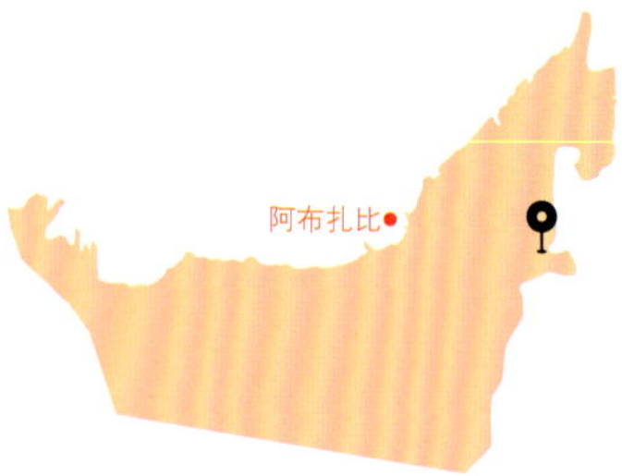

>> 七绿洲的花园之城

艾因地区位于古代阿曼苏丹国和今阿拉伯联合酋长国之间的商路上，在历史上被称作布来密绿洲，早在 4000 年前就有人居住，比邻近的迪拜、阿布扎比等城市的历史更加悠久。

艾因周边的几处遗址被联合国教科文组织列入了《世界遗产名录》，包括公元前 2500 年的圆形石墓和水井，各种土坯建筑，以及阿夫拉贾精密的灌溉系统。艾因文化遗址是沙漠地区史前（从石器时代到铁器时代）文化生活，以及该地区由狩猎和采集走向定居文化的宝贵见证。

艾因没有摩天大楼，楼房限高在 20 米或 5 层。与阿拉伯联合酋长国的其他大城市不同，远离海边的艾因却拥有七个布满棕榈树的繁茂绿洲，这也是“花园之城”的由来。在这个经常刷新历史最高气温的国家，凉爽就是奢侈的代名词，因此居民和游客常常来艾因这里找寻片刻的安宁和凉意。

>> 游览建议

沿公路前往艾因非常容易。艾因距离迪拜（147 千米）和阿布扎比（173 千米）车程均两小时左右。在艾因可乘出租车往来于不同的景点。除了列入《世界遗产名录》的遗址之外，扎耶德酋长宫和骆驼市场也值得一去。在骆驼市场可以看到来自阿拉伯联合酋长国各地的买家用小卡车载着骆驼离开，非常有趣。

艾因的平均气温

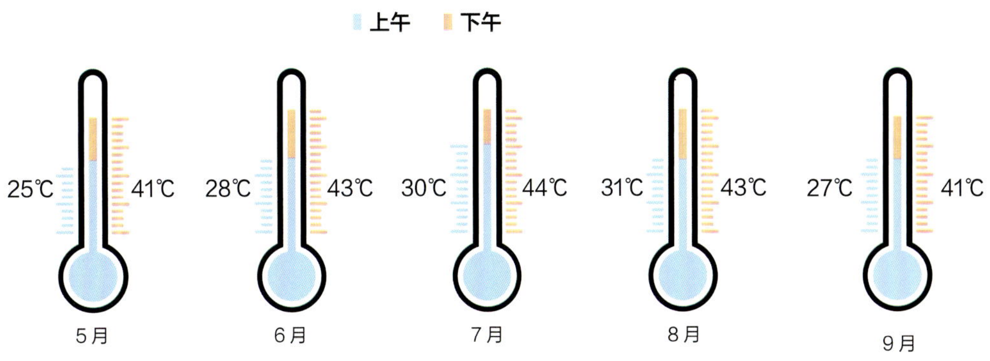

巴尔米拉遗址（叙利亚）

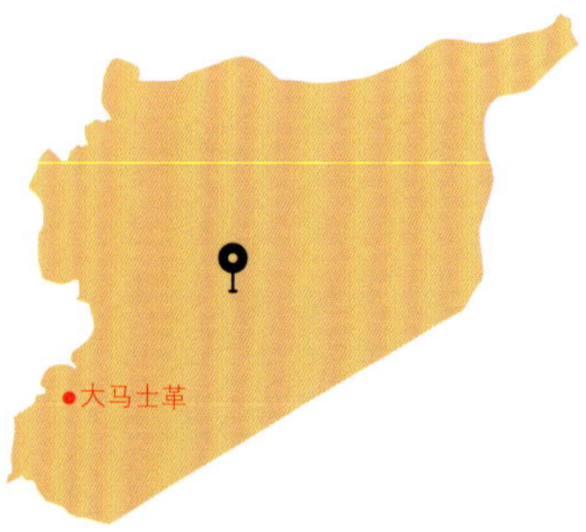

>> 沙漠中的绿洲

巴尔米拉位于叙利亚首都大马士革东北215千米处的叙利亚沙漠中。这里为沙漠中的一片绿洲，是古代重要的贸易中心之一。城内现仍保存着壮观且数量丰富的历史遗迹。自公元1世纪，巴尔米拉就是行商休息和中转补给的地方，其作为贸易站的功能在公元2世纪达到了顶峰。世界各地的人们聚集到巴尔米拉，用各式各样的语言交流。著名的城区主干道长1000多米，是一条两边建有柱廊的贸易街。城中主要建筑有神庙、城市广场和剧场等。剧场原有16排座位，如今还剩9排。城墙外有古罗马水渠遗迹和巨大的公墓。

自2011年以来，巴尔米拉遗址数次易手。2015年，包括阿拉特狮在内的好几处宝贵遗址在战火中被毁掉。作为巴尔米拉象征的阿拉特狮而后被修复，自2017年以来一直傲然站立在遗址入口。

>> 游览建议

虽然自2011年以来叙利亚境内饱受战火侵袭，但近几年来叙利亚还是在尝试吸引外国游客的到来。政府保证“巴尔米拉是一个安全且好客的景点”。无法亲临的游客可以登录“叙利亚遗产（Syrian Heritage）”网站，多处遗产都在网站上以三维的方式和毫米等级的精度呈现。

佩特拉（约旦）

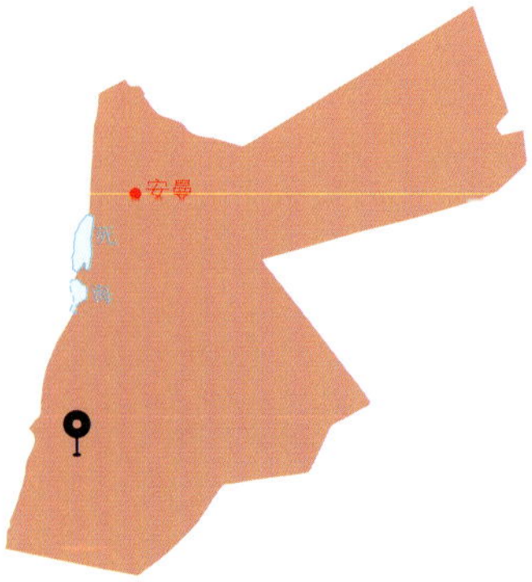

>> 沙漠古城

一位学者游览佩特拉后描述道：进入狭窄的西克峡谷，感觉自己像电影《最后远征》中的印第安纳·琼斯，成功征服了纳巴泰城市的标志——卡兹尼神殿。佩特拉古城一半在外修建、一半在岩石上雕琢而成。城市融合了不同的建筑和宗教风格，代表了一种独特的艺术成就。

自古以来，游牧民族就穿梭在这条狭窄的峡谷里。到了公元前 6 世纪，人们开始在此定居筑城。这座在岩石中开凿的城市后来成为了香料和丝绸商队的驿站。砂岩壁上还凿有墓穴和神庙。随着基督教的传播，人们又开始在此修建装饰华丽的大教堂和剧场等。到公元 3 世纪因红海海上贸易兴起以及地震灾害频发，此地逐渐走向衰落。公元 7 世纪被阿拉伯军队征服时，佩特拉已是一座废弃的空城。

1812 年，瑞士探险家让·路易·贝克哈特让这座被遗忘的城市重见天日。在漫长的历史中，四周的天然屏障保护着这些无与伦比的建筑。你可以通过皇家陵墓后方的小路登上山顶，在那远离游客和当地人的地方俯瞰卡兹尼宫殿。

>> 游览建议

春、秋两季是游览佩特拉的最佳时节。黎明时分前来可以欣赏古城逐渐被太阳照亮的过程。黄昏来临，石头全部被染上橙色，正是欣赏皇家陵墓的最好时机。可以骑毛驴登上 800 级台阶然后步行下来，同时欣赏沿途的风景。

关于佩特拉的几个数据

梅察达（以色列）

>> 象征英雄的堡垒

梅察达位于以色列犹地亚沙漠中的一座岩石山顶上，由希律王建造，是犹太人的圣地。堡垒作为犹太起义军最后的抵抗据点而著名，犹太人曾在公元66年至70年的起义中抵御过古罗马军队。公元72年，上万人的古罗马大军在山下建造了八座营地，又不断填土建造了一条坡道用以攻城。被围困在这里抵抗了3年的犹太人最终走投无路选择了自杀（仅两人除外）。因此这里也成为了犹太民族英雄主义的象征地。

直到1820年梅察达才被重新发现，但挖掘工作多年之后才开始。作为古代以色列犹太王国的象征，梅察达是非常受欢迎的旅游景点。21世纪初这里的堡垒被重新整修，建造了游客接待中心并翻新了缆车。但勇敢的游客还是更愿意走原有的小路。登上山顶，可以欣赏到四周干燥荒凉的沙漠美景，以及远处湛蓝的湖水。如果不是偶尔有几个骑着骆驼的贝都因人走过，会让人以为此地早已荒无人烟。

>> 游览建议

登上梅察达山顶的道路，被称为“蛇形路”。“蛇行路”在日出前一小时开放，最好能在太阳升起前登顶，欣赏到第一缕阳光。游客也可以选择乘坐缆车上山。每年 3 月至 10 月，每周都会在露天剧院呈现两场声光演出。

选择合适的方式到达山顶

梅察达建造在高 460 米的岩石山上

沿“蛇行路”步行上山需 60 分钟的时间

沿“古罗马斜坡”上山需 15 分钟的时间

乘缆车上山需 3 分钟的时间

耶路撒冷古城及城墙

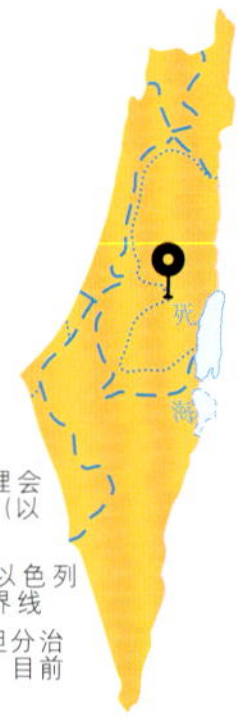

>> 三教圣城

耶路撒冷是宗教重镇、三教圣地（犹太教、基督教、伊斯兰教）。1平方千米见方的耶路撒冷古城被一圈城墙围绕，犹太教、基督教、伊斯兰教的信众在这里开展宗教活动。

信仰不同宗教、说着不同语言的人们讲述着大卫、穆罕默德和耶稣的故事。走在古城和周边的街道上，耳边常常可以听到祈祷词、穆安津的宣礼词、教堂的钟声……来到这里的人心理上或多或少都会经历一些奇妙的改变。无论是否信仰宗教，在这里同样会感受到信仰和情感的交集。每个人心中都有自己的耶路撒冷：对犹太教信众来说它是圣地圣殿山的所在地，对基督教信众来说是耶稣受难地，对伊斯兰教信众来说它是仅次于麦加和麦地那的第三圣地。

来到耶路撒冷还应该去街头巷尾漫无目的地走走，穿过哭墙隧道，走遍清真寺广场每个角落，在哭墙的石头缝里塞上一张许愿纸条，绕古城一圈然后登上古城东边的橄榄山，感受这座历史悠久的城市的独特魅力。

>> 游览建议

耶路撒冷的清真寺广场有开放时限，建议早上前往。随后可以在街头巷尾走走，看城市逐渐热闹起来。每周五晚上人们会聚集在哭墙前为安息日跳舞歌唱。游客在靠近哭墙时，需要遵守当地的习俗和礼仪。

耶路撒冷的圆顶清真寺

建于公元 7 世纪

穹顶高 54 米，
直径 24 米

整体呈 8 角形，
是耶路撒冷著名的标志之一

伊斯坦布尔历史区的圣索菲亚（土耳其）

>> 历经沧桑

千年古都伊斯坦布尔，先后是拜占庭帝国、奥斯曼帝国的首都。伊斯坦布尔历史区承载着独具一格的古迹和一批建筑杰作。杰作之一圣索菲亚由君士坦丁大帝于公元 330 年始建。在随后的数个世纪中它多次被火灾、地震损毁。但每次重建后，圣索菲亚都会变得更大更雄伟。其作为基督教的宫廷教堂，持续了 9 个世纪的时间。1453 年，奥斯曼帝国攻陷君士坦丁堡（伊斯坦布尔）后，圣索菲亚教堂被改造成清真寺，教堂内的祭坛圣像被移除。

圣索菲亚很好地诠释了伊斯坦布尔地处欧亚大陆接合部的特点。墙壁上的篆刻融合了基督教和伊斯兰教的历史。位于欧洲边缘的圣索菲亚被公认为是拜占庭建筑最为典型的代表，是拜占庭艺术的结晶。1935 年这里被改造成为一座博物馆。改建工作非常复杂，需要在不破坏表层穆斯林艺术品的情况下展示被覆盖的基督教主题镶嵌画；还需要考虑如何在不略去重要篇幅的情况下，追寻它最辉煌的历史。

>> 游览建议

最好晚上前来参观圣索菲亚，灯光会营造出一种梦幻般的景象。进入建筑中堂后，穹顶下的巨大空间和刻有《古兰经》的大理石板都会让人震撼。在楼上还可以欣赏马赛克壁画《全能者基督》。

圣索菲亚——一个超大号杰作

布吕根（挪威）

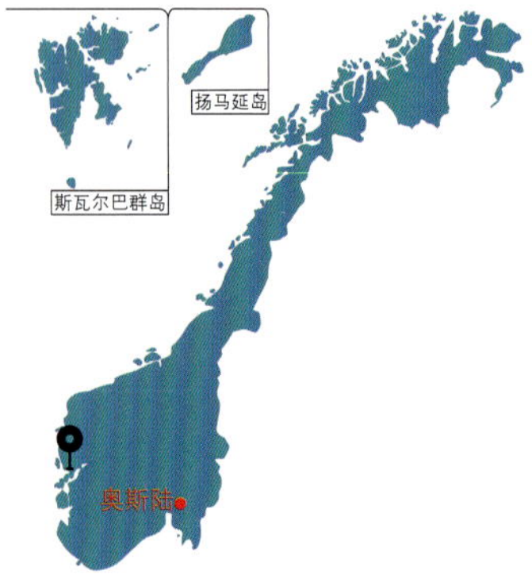

>> 北欧的木屋渔港

布吕根位于挪威西海岸，是北欧古老的港口城镇之一。如今的布吕根商铺、餐馆林立，为挪威热门的旅游地之一。在 14 世纪至 17 世纪，这片位于卑尔根市的街区成了汉萨同盟商人的集结地（后被移居到此的德国商人接管）。每年冬季，汉萨同盟商人聚集到此地收购、处理来自挪威北部的鱼干。

布吕根渔港风格鲜明，长排的二、三层木屋是其特色建筑。从北大西洋寒冷水域捕获的鱼会被储存在这里，然后被运往欧洲各地，从外地运来的粮食也被集中储存在这里，以避免遭受降水等侵害。布吕根经历过多次火灾，最近的一次发生在 1955 年。每次火灾过后，当地人通常会按原样重建房屋，港口和街区原有的风貌也因此得以保留。

>> 游览建议

布吕根博物馆和汉萨同盟博物馆详尽介绍了挪威这座古老贸易站的历史。在汉萨同盟博物馆中展示了当年商人们的住所。参观者在此可以更好地体会当年汉萨同盟商人生活的艰辛。游客还可以乘坐缆车前往弗罗伊恩山山顶欣赏布吕根港的全貌。

布吕根小镇是欧洲降水最多的地区之一

年降水天数为
240 天

降水曾持续 85 天
（2006 年 10 月 29 日至 2007 年 1 月 21 日）

年最高温度为 18 °C
（出现在 7 月或 8 月）

圣彼得堡古城及名胜古迹（俄罗斯）

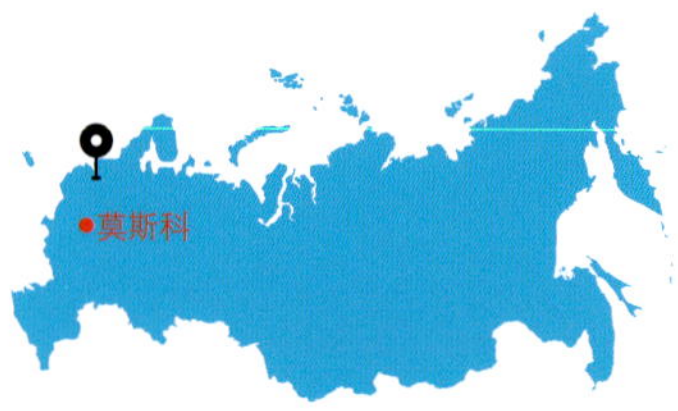

>> 北方的威尼斯

圣彼得堡有数不清的运河和 400 多座桥，这也是为什么人们将此地称为“北方的威尼斯”。圣彼得堡与柏林也颇有些相似之处，以至于演绎阿道夫·希特勒最后日子的电影《帝国的毁灭》能在这里取景拍摄。

1703 年，沙皇彼得大帝下令建造这座城市。它是 18 世纪世界新兴城市中最大的一个。作为欧洲重要的历史中心之一，结合了巴洛克和新古典主义风格的建筑在此地不断建成，并和谐地融入水景中。这里经历了 1917 年的十月革命以及第二次世界大战期间的围城战，历史一次又一次让圣彼得堡站在了历史舞台的最前沿。圣彼得堡现存的名胜古迹有海军部大厦、大理石宫、冬宫、夏宫，以及在沙皇亚历山大二世遇刺地建造的基督复活大教堂（又称基督喋血大教堂）等。

虽然圣彼得堡只是位居莫斯科之后的俄罗斯第二大城市，但它因丰富的历史、宏伟的建筑，更得到游客们的青睐。

>> 游览建议

如果沿着涅瓦河边走边看，穿过圣彼得堡古城则需要两个小时。最佳的参观时间为6月初至7月中旬。此时正逢圣彼得堡著名的白昼节。夏至前后这里的夜幕似乎不会降临，全城都在组织一些活动，例如露天的爵士乐节、摇滚演唱会等。

圣彼得堡人口的发展

斯皮什堡（斯洛伐克）

>> 多次易主的城堡

斯皮什堡坐落在海拔 634 米的岩石山上，于 12 世纪初建造，最初是匈牙利国王的财产。彼时的斯皮什堡就是该地区大公枭雄们争斗的舞台。1241 年鞑靼人曾围攻这片区域，并摧毁了斯皮什堡。后来匈牙利君主将这里夺回，为保护领地，在此修建了若干防御堡垒。14 世纪斯皮什堡再一次被敌人入侵破坏，此后匈牙利君主决定按哥特式风格重建。在相对和平的 15 世纪，城堡被分封给了一位贵族。几经易主后，城堡最终归属了恰基家族，在 1638 年至 1945 年间他们是城堡的主人。1780 年，城堡受到闪电的袭击破坏，恰基家族不得不搬到邻近的村庄，用城堡散落的石头重新建造了一座住宅居住。从那时起，城堡被逐渐荒废。直到 1945 年被当地政府接管，并被认定为国家文物，城堡的翻新重建工作才逐渐展开。如今，斯皮什堡每年接待的游客数量超过 10 万人次。

>> 游览建议

前往斯皮什堡之前看几部相关的电影是个不错的选择。最早的一部电影是 20 世纪 90 年代中期拍摄的《魔幻屠龙》，讲述的是发生在英国的故事。随后在此陆续拍摄了《凤凰》(1997)、《魔鬼征服者》(1997)、《冬狮》(2003) 和《最后的兵团》(2006) 等。《最后的兵团》这部电影故事发生在公元 476 年，比城堡的建造时间还早了约 700 年。

斯皮什堡建造的历程

12 世纪 在一座古代城堡的遗址上建造了一座古罗马式城堡 →
13 世纪 建造了一座哥特式大教堂 →
14 世纪 建造了第二道城墙 →
15 世纪 加高了原城墙，并建造了第三道城墙 →
1470 年 建造了后哥特式小教堂 →
20 世纪 政府出资对城堡进行了重建和翻修

布达佩斯议会大厦（匈牙利）

>> 宏伟壮观的议会大厦

占地面积约 1.8 万平方米的布达佩斯议会大厦是欧洲最大的议会建筑之一。该建筑的建设工期长达 19 年。建造过程消耗了 40 千克黄金和 50 万块珍贵的石头。1885 年，即布达、佩斯和老布达三城合并成布达佩斯后的第 12 年，工程开工。而完工时已是 1904 年，此时这座折中主义建筑风格大厦的设计者伊姆莱·斯坦达尔已去世两年。

左右对称的新哥特式面墙华丽地呈现在多瑙河岸边，其设计灵感来源于伦敦的威斯敏斯特宫。建筑内部最显眼的是那些巨大的楼梯间，以及巴洛克、拜占庭和文艺复兴风格的装饰。作为匈牙利君主象征的伊什特万一世的王冠，自 2000 年起在建筑拱顶下方的正殿展出。这里还存放有匈牙利历史人物的雕像和纹章，其中就包括设计师伊姆莱·斯坦达尔。

>> 游览建议

参观议会大厦时应着重花一点时间看看中央圆顶。圆顶 96 米的高度是经过精心设计的，代表匈牙利建国的年份（公元 896 年）以及预计完工的年份（1896 年，建国 1000 年）。

关于布达佩斯议会大厦的几个数据

科隆大教堂（德国）

>> 瞻仰东方三博士

科隆大教堂始建于 1248 年，直到 1880 年才完工，是德国最大的哥特式教堂，也是德国著名的旅游景点。科隆大教堂塔楼高达 157 米，在被不远处的乌尔姆敏斯特大教堂超越之前，科隆大教堂长期占据世界最高教堂的位置。教堂的正面是典型的哥特式设计，墙上雕刻有许多装饰浮雕。面墙和周边的教堂平台将其与下方的巨型广场切割开。

从西门进入教堂，游客很快会被中堂巨大的空间所震撼。祭坛、小教堂与彩绘玻璃窗尤其值得一看。教堂里供奉着著名的东方三博士遗骸。12 世纪东方三博士的遗骸被赠予科隆市，这也是当年兴建这座朝圣地的原因。游客来此也会认真地欣赏金、银制成的礼拜器物，以及教堂里收藏的许多宗教艺术杰作。南塔上还悬挂着几口大钟，最重的一口重达 24 吨，响钟齐鸣，声音洪亮。

>> 游览建议

登上 533 级螺旋台阶，来到科隆大教堂高塔的顶端，可以俯瞰科隆市全景。狂欢节期间邂逅这座城市会非常有趣，有机会参加官方组织的一系列庆祝活动。每年秋季科隆市都会举办科隆国际艺术展会，此时在参观教堂之余还可以欣赏到来自世界各地的艺术品。

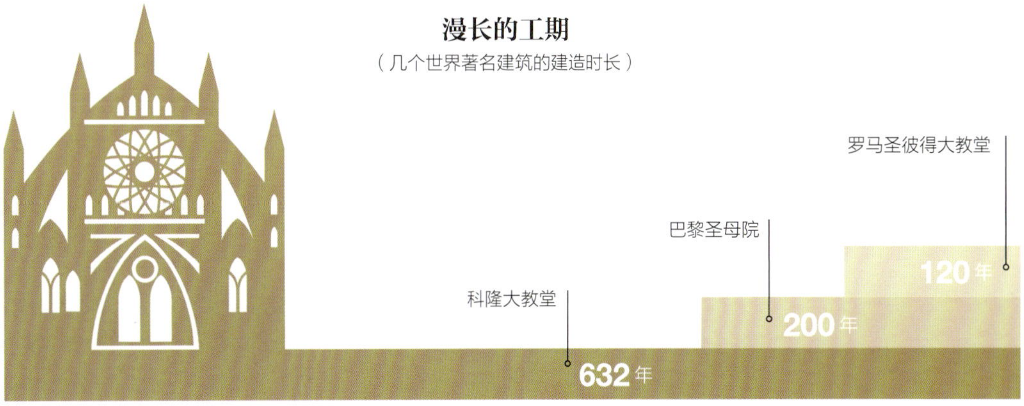

哈尔施塔特人文景观（奥地利）

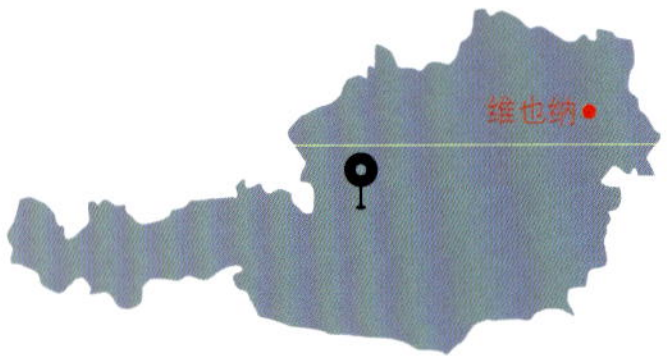

>> 如画般美丽

奥地利萨尔茨卡默古特地区风光秀丽，从史前时代起，人类就在此活动。早在公元前 2000 年，人们开始在此开采盐矿，一直到 20 世纪中叶，盐矿资源一直是该地区繁荣的基础。哈尔施塔特小镇是这片地区的文化中心，坐落在达特施泰因山脚下，哈尔施塔特湖畔。萨尔茨卡默古特地区的繁华从哈尔施塔特精美的建筑中可见一斑。1750 年，一场灾难性大火毁坏了哈尔施塔特中世纪城市中心的大部分建筑。重建的建筑群受到晚期巴洛克风格强烈影响，这一风格至今仍是这座小镇的特色。

哈尔施塔特小镇风景独好，随处可见临湖的别墅和布满鲜花的阳台。人们将这里誉为欧洲最美丽的小镇之一，仿佛只在梦里或者画家的画里才会有这么美丽的景象。哈尔施塔特湖清澈透底，在高山峡谷之中，像一条宽阔的绿色绸带。一排排临湖而建的木屋，在阳光的照耀下显得格外引人注目。这里的居民似乎个个都是艺术家。每户人家的木门全打开着，里面展示并出售他们自制的各种手工艺品。哈尔施塔特游客众多，2018 年来哈尔施塔特的游客数量超过了 1 万人次。这对于一个不满千人的小镇来说是一个巨大的数字。

>> 游览建议

哈尔施塔特不通火车，这里离萨尔茨堡和慕尼黑的车程分别是 1.5 小时和 2.5 小时。最近的火车站在哈尔施塔特湖的另一边，选择乘火车的游客可以在火车站出口乘船前往小镇。从小镇中心出发，步行一小时可到达天空步道观景台，在这里欣赏令人沉醉的湖光山景。

关于哈尔施塔特小镇的几个数据

511 米
海拔

约 780 人
居民数量（2020 年）

59.72 平方千米
总面积

巨石阵（英国）

>> 古代未解之谜

巨型石阵的建造时间可追溯到4000多年前。这处史前遗迹与不远处超级现代化的信息中心形成鲜明对比，让人有一种穿越时空的感觉。

惊人的巨大“悬空石”（英文名“stonehenge”的字面翻译）在建造之初应是四个同心圆的石头群，外围绕着一圈沟渠，沟外有土台和几口井。此后，这些巨石和数十块稍小的蓝砂岩才被重新排列成我们今天见到的圆形和马蹄形。可以确定，一部分大石头是从远处采石场采集，并通过河流运输至此。这项巨大的工程无论以何时的眼光来看，都给人一种神奇且神秘的感觉。

尽管对巨石阵的研究从未停止，但至今还有不少未解之谜。最近发现的遗骸让人们猜测这里曾经是一片墓地。但在考古学家们看来，巨石阵的建造经过准确测量，因此这些遗迹可能曾经是一处神庙，或一座天文观测场所——用来制定历法和预告日月食。

>> 游览建议

参观巨石阵至少需要两个小时。如果购买贵宾票，则可以近距离参观。每年的冬至日和夏至日，太阳沿着竖立在沟渠另一边的“脚跟石”顶上升起。在天文奇观出现的两天，巨石阵可以免费参观。

关于巨石阵的几个数据

工程时间为
3000 万小时

建造周期为 **1500** 年左右
（公元前 3000 至前 1520 年）

180 块石头
构成了较大的外圈和两个较小的内圈

最重的石块为
40 吨

布鲁塞尔大广场（比利时）

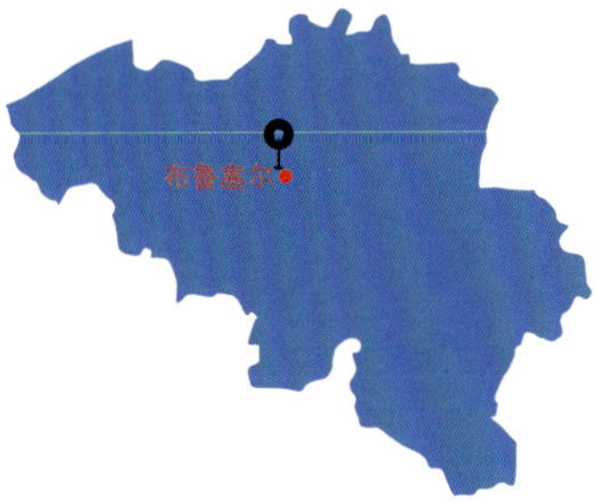

>> 繁华的广场

这个地面用花岗石铺砌而成的巨型广场始建于12世纪，曾经是布鲁塞尔最大集市所在地。肉店街、啤酒街、药草市场街……不同街名承载着这里昔日的繁华。14世纪，市政厅在广场旁边建成使用，从此这里成为布鲁塞尔的政治中心。17世纪，砖石建筑取代了木质房屋，商界巨子们不吝钱财，重建了各行会大厦。今天从广场四周风格各异的宏伟建筑上，我们仍能依稀看出法兰德斯商人们的辉煌过去。

广场周围最吸引人的地方是富有生活气息的各种商铺，层高相仿的建筑给人一种整体的和谐感，商铺各具特色的装饰是从前商会之间激烈竞争的见证。如今的布鲁塞尔大广场已成为比利时首都的象征，它因宏伟壮丽而深受摄影师喜爱。早在1852年，法国作家维克多·雨果就曾赞美这里是“世界上最漂亮的广场之一”。

>> 游览建议

选择适宜的时节，坐在布鲁塞尔大广场酒吧的露台上，慢慢品尝一份薯条或者比利时啤酒会让你心旷神怡。广场在任何时候都很美。年末的夜晚，广场在大型圣诞树和华丽灯光的衬托下会更加漂亮。广场附近隐藏着布鲁塞尔的另一处著名景点——小于连像，在广场旁边的国王之家还可以欣赏到小于连的漂亮衣橱。

爱吃薯条的比利时人

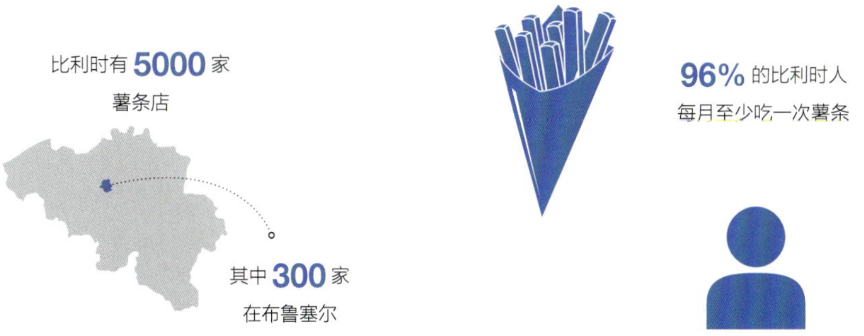

韦泽尔谷岩画洞群（法国）

>> 石器时代的西斯廷教堂壁画

1940 年，在法国蒙蒂尼亚克市附近，几位遛狗的年轻人偶然在韦泽尔山谷中发现了一个山洞。出于好奇，4 天后他们重返这里探索山洞，在此发现了洞壁上的无价之宝：绘制在洞穴长廊墙壁上的岩画。经后人考证，岩画创作时间距今 1.7 万至 1.8 万年。

史前历史学家亨利·布雷尔神父是第一位闻名前来考察的专家。他于 20 世纪 40 年代末在此调查数周之久。在仔细研究了墙壁上的装饰画后，他将这些作品称为“石器时代的西斯廷教堂壁画”和“史前凡尔赛”。

韦泽尔谷共包括 147 个旧石器时代的遗址和 25 个有岩画的洞穴。这些遗迹对于研究人类史前艺术有着非常重要的意义。据说当时人们绘制这些岩画是为了在人和动物之间建立一种神奇的联系。在被称为公牛间的主室内有用赭石颜料绘制的原牛（一种已灭绝的牛亚种）和马匹，线条简练生动。岩画中描绘最多的动物是马，而作为当时最常见的猎物鹿仅出现了一次。

>> 游览建议

因参观者会带来二氧化碳和众多其他污染物，韦泽尔谷岩画洞群自发现之日起就面临着因向公众开放而带来的损坏风险。出于对岩画的保护，管理人员关闭了拉斯科一号洞窟，只允许少数特殊人员进入。1983 年以来陆续向游客开放了拉斯科二号、三号和四号三个绘有仿制壁画的洞窟。一年中除 1 月外，仿制壁画洞窟全年开放。

拉斯科洞窟

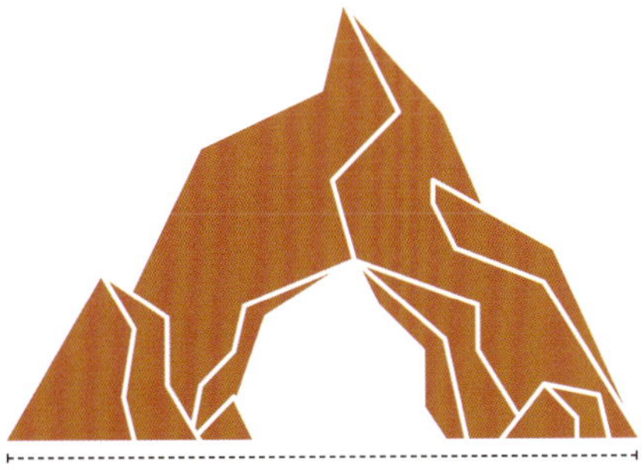

包括前洞、后洞、边洞三个部分

洞内有大约 **500** 幅岩画，其中 **100** 幅是动物岩画

香波尔城堡（法国）

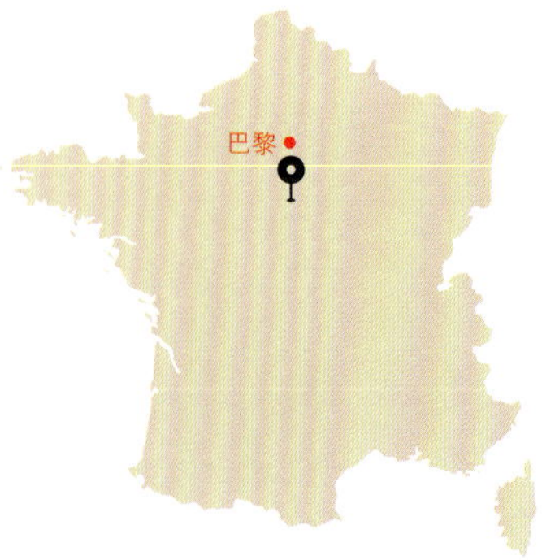

>> 弗朗索瓦一世的意式城堡

1516 年，法国国王弗朗索瓦一世和达·芬奇从意大利一道归来，脑子里满是奇思妙想。这位痴迷于意大利文艺复兴时期建筑的国王选址香波尔，营造狩猎行宫。为了建造这座卢瓦尔河谷最大的狩猎行宫，他还命人拆掉了原有的堡垒。但不幸的是弗朗索瓦一世只在城堡住了 72 天，直到他去世这座城堡也没有全部完工。

达·芬奇为香波尔城堡设计的著名双螺旋楼梯由两条阶梯围绕中心柱构成。它能让同时下楼的两人不相遇。国王路易十四喜欢带着莫里哀的剧团和吕利的乐队一起来这里度假。但是远离宫廷和贵族居所的香波尔城堡大部分时间都门庭冷落。到了法国大革命时期，人们占领并洗劫了这里，城堡逐渐破败。几经转手之后，最终在 1930 年由法国政府接管，城堡才重新找回了昔日的风采。第二次世界大战期间，法国国家博物馆的藏品被运送到香波尔城堡的 440 个房间加以保护，因此逃过了战争的炮火。名作《蒙娜丽莎》也在这里“住”过几个月。

>> 游览建议

香波尔城堡内有一个专门用于展示双螺旋楼梯的房间，在这里可以详细了解楼梯是如何设计和建造的。为游客准备的平板电脑可用于在城堡内定位，并能直观呈现每个房间500年前的面貌，同时还提供寻宝游戏供孩子们娱乐。每年4月至9月这里都会举行马术表演。

奢华的城堡

舍农索城堡（法国）

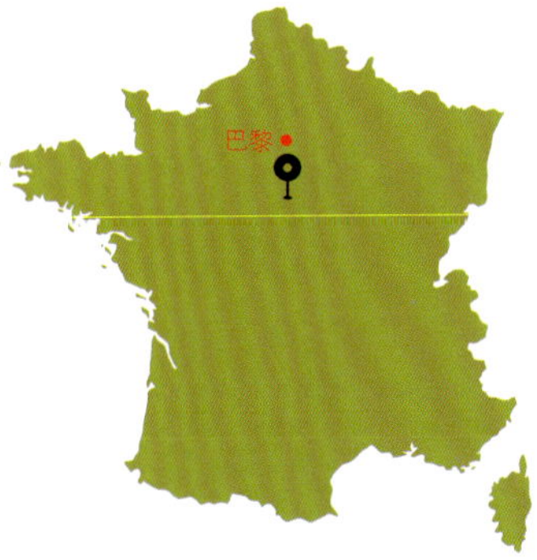

>> 受女性青睐的城堡

卢瓦尔河谷的舍农索城堡虽不及香波尔城堡华丽宏伟，但却以精致秀丽的姿态著称。舍农索城堡完美的造型倒映在谢尔河中，这里在过去的几百年里深受许多女性的青睐。在马奎斯磨坊的基础上，一代又一代的女主人将这里精心改造成现在的模样。

这座哥特式城堡外有两座花园，分别由黛安·德·波迪耶和凯瑟琳·德·美第奇设计。精致的家具、地毯、大师的画作、传统的雕刻等室内装潢讲述着这里曾经的辉煌，也为城堡增添了不少魅力。在巨大的厨房里，闪闪发光的厨具让人联想到当年宴会的盛况。长廊里磨损的石灰地板让人不难想象当年这里夜夜笙歌的景象。所有的细节都在提醒人们这里曾是王公贵族和艺术家们聚会的场所。这里发生的故事为正史和野史提供了丰富的素材。

第二次世界大战期间舍农索城堡不仅作为医院收治伤员，也因其独特的地理位置（正门外为纳粹占领区，南门则通向自由区）而成为了法国抵抗组织的前沿阵地。

>> 游览建议

春天，舍农索城堡的花园里百花盛开，美丽迷人。冬天，皑皑白雪之下的城堡会展现出另一种无法抗拒的美，冬天这里的游客较少，参观时有一种静谧的独特之美。

城堡的巨型花园

1.2万平方米

草坪面积

4万株

每年更新两次的苗木

400株

古典玫瑰

圣米歇尔山（法国）

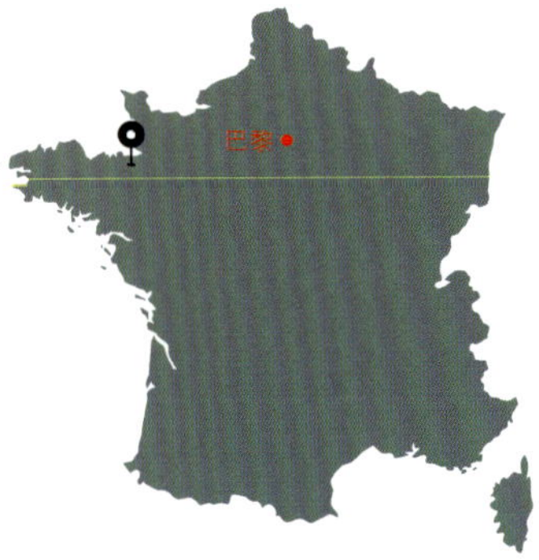

>> 不只是一座岛

港口的清淤工作如今已初见成效。在拆除了原有的堤道后，大潮时海水汹涌来临，会重新包围这座“西方奇迹”。此时，圣米歇尔山真的成为了一座岛，只有在退潮时才重新与大陆相通。

每年夏天，从入口大门“国王之家”开始，密密麻麻的游客就将这个小岛围得水泄不通。环形的上山路让人有点儿头晕目眩，但山顶的风景却独一无二。以梅韦勒修道院为中心的宗教建筑群，展示了中世纪哥特式的建筑艺术风格，被称作“海上城堡”。法国国家历史文物中心在晚上会组织夜间游览活动，灯光映衬下的梅韦勒修道院仿佛仙境一般。如果你在此地预订了旅馆或选择与耶路撒冷修道院友好协会一起在此修行，那么直到夜晚你都还可以继续发现这里的神奇。

>> 游览建议

每年7月中旬至8月底可以夜游圣米歇尔山，晚上前来能避开大量的游客。圣米歇尔山巨潮的景象非常壮观，每年平均有110天出现巨潮，一天两次，涌动的潮水会将圣米歇尔山变成一个真正的小岛。

圣米歇尔山涨潮与退潮的景象

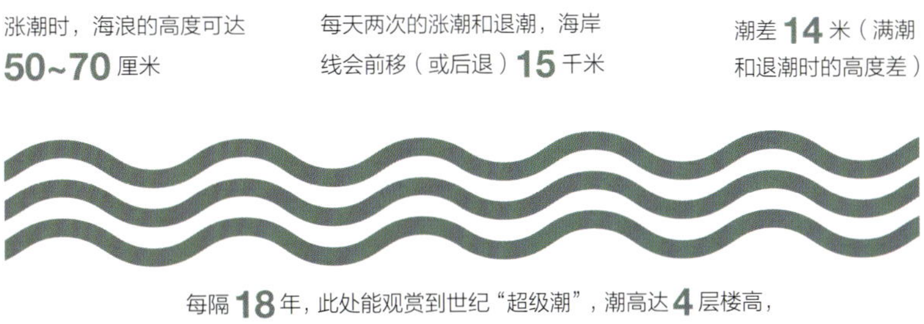

凡尔赛宫（法国）

>>“太阳王”的宫殿

凡尔赛宫是法国国王路易十四于17世纪下令建造的王宫。凡尔赛宫面积很大，如果要参观完宫殿的每个角落需要数天时间。鼎盛时期，凡尔赛宫里有3.6万名贵族、朝臣和仆人居住。可以说当时的凡尔赛宫就是一个国中之国。这里曾举办过各种规格的宴会，如今这里对所有人开放参观。

年轻人可能更喜欢位于马厩的马车博物馆，或者拥有田地、磨坊、小剧场的玛丽·安托瓦内特的寝宫。情侣们可能更中意在绿色的迷宫或路易十五为情妇蓬帕杜夫人修建的小特里亚农宫中漫步。几年前，凡尔赛宫的私密房间也向公众开放。参观者可以小组为单位，通过密道或暗门前往私人套房、办公室或皇家浴室，感受这座巨型宫殿华丽装饰的背后富有生活性的一面。宫殿最吸引人的场所当属镜廊。在这条2007年修复的长廊中，不计其数的镜子依然能够映照出“太阳王”路易十四时期的辉煌。

>> 游览建议

早上开门后进入，建议先从凡尔赛宫内部开始游览，参观卧室、礼拜堂以及镜廊。小特里亚农宫和玛丽·安托瓦内特的住所只在下午开放。最后再前往花园游览。4 月到 10 月上演的音乐喷泉秀也不容错过。

巨大与奢华的宫殿

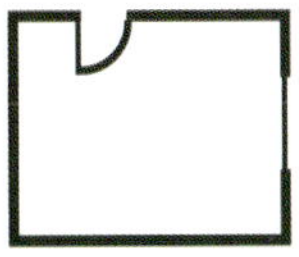

宫殿共包含房间 2300 间，房间的总面积为 **63154** 平方米

100 个
挂钟装饰

352 个
壁炉

圣家堂（西班牙）

>> 一直在添砖加瓦的教堂

圣家堂诠释了西班牙建筑设计师高迪的设计理念。这位设计师在这座天主教堂上花费的时间超过 40 年。这项工程从 1882 年开工伊始就混乱不堪，主要原因是建造费用靠个人捐赠。此外，高迪也希望慢工出细活，尤其在他明白自己已不可能看到教堂完工时，坚持在设计上不作任何修改。西班牙内战期间，设计图不幸在火灾中焚毁，这让工程变得更加困难。如今我们见到的这座西班牙参观人数最多的教堂，仍在缓慢、稳妥地建造中，预计 2026 年，即高迪逝世百年时完工。

按高迪的设想教堂内部应该像一片巨大的森林。目前工程建设正在按照他的想法推进，教堂内巨大的石柱被塑造成树的形状，其外形设计灵感来自大自然。阳光透过彩色玻璃照射在巨大的石柱上，营造出一个梦幻般的世界。游客走进教堂仿佛置身于一个巨型万花筒。

圣家堂的两座高塔已对游客开放，站在塔上可以俯瞰巴塞罗那全貌。教皇本笃十六世在 2010 年为这座独一无二的教堂进行了祝圣。虽然教堂游客众多且尚未完工，但作为一个宗教场所，信众仍然可以到这里做弥撒。

>> 游览建议

抬起头，在圣家堂的中堂看看高迪设计的细节有多么丰富。上午，阳光透过正面墙上绘有《耶稣诞生》的彩色玻璃折射出一组蓝绿混合色；下午，光线则变为红色和橙色。随着参观塔楼的游客越来越多，门票也越来越贵。如果要欣赏巴塞罗那全貌，桂尔公园的高台也是个不错的观景点。

建了 140 年还未完成的工程

1882 年
开始动工

2010 年
教皇本笃十六世为圣家堂进行了祝圣

2017 年
工程完成了 70%

预计 2026 年完工

最终高度（耶稣塔）为
170 米

2017 年已完工部分的高度为
115 米

格拉纳达的阿兰布拉宫（西班牙）

>> 理想中的花园

阿兰布拉在阿拉伯语中的意思为“红色城堡”，因13世纪奈斯尔王朝的创立者穆罕默德一世的红胡子而得名，也正是他建造了这座摩尔人的宫殿。阿兰布拉宫坐落在能够俯视格拉纳达的石头山顶上，穆罕默德一世的近卫军则驻扎在可以看到整个格拉纳达平原的阿尔卡萨瓦堡垒。300年后，这座美丽的阿拉伯风格宫殿被基督教徒攻陷，他们在原宫殿旁建造了查理五世宫。这座文艺复兴式的宫殿后来被西班牙国王卡洛斯一世征用，作为他在格拉纳达的行宫。

格拉纳达位于西班牙安达卢西亚自治区。这里水资源丰富，加上内华达山融化的雪水，阿兰布拉宫的花园里得以建造众多华美的水池和喷泉。在阿拉伯人眼中，花园必须展现出对和平和宁静的渴望。西班牙历史学家楚卡·古迪亚曾说：“观察阿兰布拉宫时间越久，越能体会到阿拉伯人的理想就是生活在花园里。”

>> 游览建议

阿兰布拉宫每年接待的游客数量高达 300 万人次。虽然这里远离格拉纳达市区，需乘大巴或开车前来，但这些困难阻挡不了游客的热情。注意预定奈斯尔宫（阿兰布拉宫的核心区域）门票时需提前确定你准确的到达时间，因为你仅能够在预定时间的半小时内入场。

游客较多的西班牙景点

阿兰布拉宫 格拉纳达

普拉多博物馆 马德里

圣家堂 巴塞罗那

艺术科学城 巴伦西亚

索菲亚王后国家艺术中心博物馆 马德里

科尔多瓦大清真寺（西班牙）

>> 一座建筑，多个故事

科尔多瓦大清真寺的历史跌宕起伏。这里曾是一座古罗马教堂，公元6世纪科尔多瓦被西哥特人占领时，城内大部分神职人员都来此避难。又过了两个世纪，摩尔人占领了科尔多瓦。古罗马教堂被拆除，在此基础上扩建成了一座清真寺。最后一次剧情反转发生在1236年，清真寺又被改造成了大教堂，一些新的防御性建筑也修建起来。直至今日这里的使用性质仍然没有改变。

不可否认，科尔多瓦大清真寺的确是混合风格建筑中的杰作，除了体现“清真寺—教堂”多元文化并存的属性，另一大特点是壁龛朝向的地方是大马士革而非麦加。据说这是为了纪念倭马亚王朝的发源地叙利亚。

>> 游览建议

除周日以外，科尔多瓦大清真寺每天早晨开门后会有免费入场的时段，但这时游客通常会比较多。无论从哪个角度看，列柱大厅都给人一种神秘庄严的感觉。橘树庭院在夏季值得一游。游客可以预订夜游。但无论白天还是夜晚，在清真寺尖塔上俯瞰科尔多瓦市，景色都非常壮观。

关于科尔多瓦大清真寺的几个数据

总面积
2.34万平方米

在10—11世纪鼎盛时，
可同时容纳2万人

856根几乎完全不同
的石柱（花岗石、碧玉、
贵重的大理石……）

石柱将殿堂隔成
19间

阿尔贝罗贝洛的石顶屋（意大利）

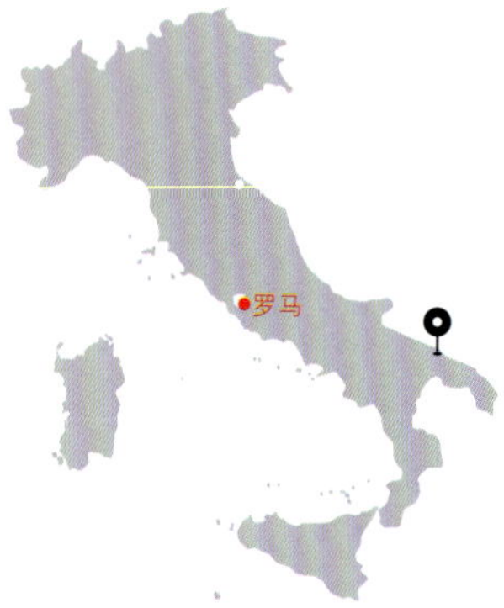

>> 奇妙的小屋

意大利普利亚区阿尔贝罗贝洛小镇是石顶屋的故乡。这里最早的石顶屋建于 14 世纪。当地农民采用这种无须灰泥的造屋方法，逃避当时那不勒斯王国对建造新房强加的税赋。这些房屋在当时被视为临时建筑，所以无须缴税。此举也顺便清除了普利亚区农田中成吨的石灰岩。

在阿尔贝罗贝洛独立大道（以前曾是条河）两旁先后建了 1600 多座石顶屋，从远处望去像是一片遍布灰色伞盖的白蘑菇森林。现在小镇基本上保持原有的样子，分为两个街区。在蒙蒂街区，大部分石顶屋都被改造成酒吧和商铺；而在阿亚·皮克拉这个更纯粹的老街区，有些石顶屋仍被作为民房使用。

石顶屋的屋顶呈圆锥形，石顶屋的烟囱、壁炉和壁龛嵌在隔热性能极佳的厚墙中。在岩石上巧妙雕琢的落水槽可将雨水导入房屋地下的储水罐中。这些石顶屋大小不一，一般不超过三层。

>> 游览建议

在旅游大巴到来前或离去之后，也就是在清晨或下午晚些时候，是去小镇街头漫步的最好时间。最佳游览季节为春秋两季，建议避开高温的夏季。阿尔贝罗贝洛的好几家旅馆都是由石顶屋翻新改造而成。普利亚区的橄榄油和葡萄酒也非常有名。

关于阿尔贝罗贝洛石顶屋的几个数据

最大的石顶屋高达 14 米

石顶屋的承重墙厚度在 0.80~2.70 米之间

该地区石顶屋的总占地面积约为 1000 平方千米

马泰拉岩洞（意大利）

>> 一座“影城”

位于马泰拉的这些岩洞民居，静静地向世人讲述着一种凿岩而居的生活方式。在过去的几百年中，这里居民的生活方式几乎没有多少变化。这座城市本身就是人与自然和谐共生的完美样本。

人类在这些岩洞中居住的历史可以追溯到旧石器时代。公元 4 世纪至 5 世纪这种依山而建的岩洞民居初具规模。到了公元 8 世纪，僧侣们按照一般石窟教堂或修道院的布局对一些岩洞进行修整。他们凿平了墙壁，开挖了窗户，绘制了一些如今仍然清晰可见的彩色壁画；还通过在山顶上建蓄水池，开挖沟渠引水以及在墙壁上开挖凹槽等方式让水流入各家各户。村落是以公共院落和公用蓄水池为中心建造的。随后房屋越来越多，居住的区域也逐渐扩展至村外的山坡上。后来随着卫生条件的恶化，最后一批居民于 1950 年搬迁离开，这里也差点被遗弃。

如今，许多岩洞民居已被修缮，当年被遗弃的街区也重新焕发生机。这里独特迷人的环境，被经常用作历史题材电影的拍摄地。比如阿贝尔·费拉拉、塔维尼兄弟、罗伯托·罗塞里尼和朱塞佩·托纳托雷等知名导演都来此取过景，此地也因电影而知名。

>> 游览建议

日落时分，整个城市沐浴在阳光下，岩洞小城被镀上一层金色光芒。作为 2019 年的“欧洲文化之都”，马泰拉城内的多处场馆都展出着一些现代艺术作品。如果选择在翻新过的岩洞民居内度过一个夜晚，也别有一番风情。

谁先使用的自来水

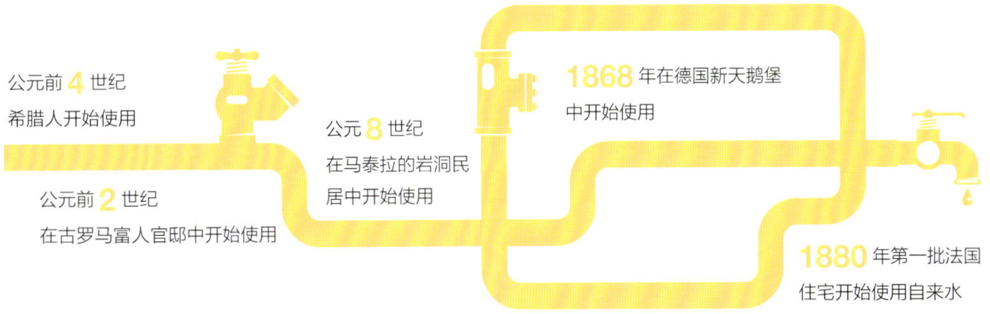

庞贝（意大利）

>> 悲剧与奇迹

庞贝是全世界游览人数最多的考古遗迹之一。这里详尽地记录了公元1世纪维苏威火山爆发前古罗马人生活的点点滴滴。

在公元79年那毁灭的一天来临之前，庞贝还是一座富饶的城市。这里有圆形竞技场、大剧院，有富丽堂皇的贵族宅邸和神庙等建筑。维苏威火山在此次喷发前已经沉睡了1500年，因此当时没人能预料到危险降临。拉丁语中甚至没有“火山”这个词语。正在日常劳作的人们怎么也想不到，自己将被永远定格在那一刻。

18世纪人们对庞贝开展了第一次挖掘工作，唤醒了已被遗忘但仍保存完好的庞贝古城。当年的绘画、砖石和器物都被保留了下来，其完好程度令人震惊。一位考古学家灵机一动，在凝固的火山灰孔洞中注入石膏。这种神奇浇注手法成功重现了当时人们的面部表情。古罗马博物学家老普林尼的养子小普林尼曾见证并记录下了维苏威火山喷发时形成的骇人景象。今天，人们用“普林尼式的喷发”来形容剧烈的火山喷发。

>> 游览建议

如果只是简单地参观一下庞贝，那么 3 个小时就足够了。建议选择下午大批游客离开之后游览。如果计划在此游览一整天，你甚至可以去攀登维苏威这座活火山，或坐在这里的咖啡馆、小店中凭吊古迹，感叹下古罗马帝国的富足。当地物产丰富，这里的葡萄酒味道极佳。

维苏威火山壮观的爆发

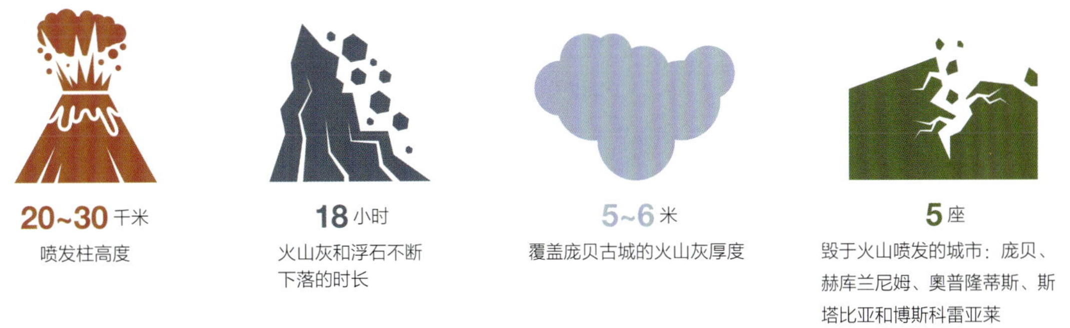

罗马斗兽场（意大利）

>> “永恒之都”的辉煌见证

罗马斗兽场曾是古罗马帝国荣耀的象征，今天它仍然是罗马城的骄傲。公元 70 年，古罗马皇帝韦斯巴芗下令开始这项工程，以彰显古罗马帝国的实力，但他并没能活到工程完工的那一天。他的儿子提图斯在位时斗兽场完工，当时组织了为期百日的大型竞技活动，包括海战、角斗和表演等。数以千计的人、兽在搏斗中丧生。在长达 5 个世纪的时间里，这座复杂而完美的建筑见证了无数人与人或人与兽之间的残酷搏斗。

今天我们可以在竞技场内部看到其神秘的地下部分，也就是当年比赛场地下方的通道、牢房和兽笼等。通过 80 个入口，5 万名观众可以迅速进入场内并按照社会地位就座。妇女们的座位在最上方。上千名水手常驻罗马，他们用复杂的绳索撑起一张巨大的帆布，以帮助观众们遮阳挡雨。

>> 游览建议

从帝国广场大道上可以看到罗马斗兽场保存最完好的那面外墙，它在夜晚灯光的照射下更显华丽。罗马斗兽场和梵蒂冈、博尔盖塞别墅一样都是罗马游客众多的景点，因此最好购买免排队预约票。参观前可以重温一遍电影《宾虚》或《角斗士》，通过电影画面感受角斗比赛时的盛况。

关于罗马斗兽场的几个数据

长轴长 189 米

圆周长 527 米

短轴长 156 米

占地面积 2万 多平方米

能容纳 5万 名观众

锡耶纳古城（意大利）

>> 感受赛马节的气氛

意大利托斯卡纳区的锡耶纳市是一座保存完好的艺术之城。其匠心独运、和谐美观的城市建筑与布局堪称中世纪城市规划的杰出典范。城市的中心是田野广场，一条条可爱的步行小路从田野广场向外延伸。今日的锡耶纳仍然保留着12世纪至14世纪以来形成的城市面貌，因此锡耶纳古城于1995年被列入《世界遗产名录》。

当年这座城对意大利乃至欧洲的艺术、建筑和城市化都有着深刻的影响。红砖铺砌的贝壳形田野广场是世界上最漂亮的广场之一。每年夏天这里都会举办马术赛事，其源头可追溯到美第奇家族执政时期。赛事会依照传统举办，骑手们为了各自街区的荣誉竭尽全力比拼。各个比赛团体为了这项活动甚至会准备一整年。每年两次（7月2日和8月16日）的传统赛马会，将整个城市的热烈气氛推向顶峰。期间还会进行一些其他庆祝活动。生活在这个盛产西昂蒂葡萄酒和橄榄油国度的人们可是制造气氛的高手。

>> 游览建议

锡耶纳是一座可以轻松游览的城市，因为其建筑格局比较紧凑，环境也十分祥和。登上曼吉亚塔楼可以俯瞰城市的风光。为了更好地体验当地的文化氛围，你可以去田野广场四周的街道上逛逛，尤其是拥有众多冷饮店的银行上街不容错过。哥特式的主教座堂也值得一看。

赛马节

锡耶纳市有 **17** 个居民区分区

每年有 **10** 个分区参加赛马节

骑手的酬金高达 **5** 位数

整个庆祝活动持续 **4** 天

其中赛马比赛进行 **3** 天

观众台票价 **250** 欧元

佛罗伦萨古城（意大利）

>> 艺术之都

佛罗伦萨是欧洲文艺复兴的摇篮。圣母百花大教堂和瓦萨利走廊都是佛罗伦萨的象征。位于市中心的圣母百花大教堂宛如城市一颗跳动的心脏，挤在市民日常生活中。圣母百花大教堂是在圣雷帕拉达教堂旧址上建造的，共经历了近600年才完工。其内部绘有与“最后的审判”主题相关的巨型叙事壁画。圣乔万尼洗礼堂以及哥特式杰作乔托钟楼都是教堂不容错过的看点。

到了16世纪，巨富美第奇家族将佛罗伦萨的建筑艺术推向了顶峰。最著名的瓦萨利走廊就是在那个时期建造的。当时的大公与其他贵族为了方便自己在办公地、住宅和宫殿之间自由往来，下令在原有三个曲拱的桥上建造了瓦萨利走廊。如此，意大利的贵族们在往来过程中既避免了与贫民接触，也减少了随从们不必要的陪同。桥下商业长廊里开店的肉贩、皮革商因难闻的气味被赶走，只有首饰商人被许在此开店做生意。除此之外，这座城市还隐藏着无数的艺术瑰宝，意大利四分之一的艺术遗产都散布于此。佛罗伦萨古城于1982年被列入《世界遗产名录》。

>> 游览建议

艺术迷们会说，即使用一生的时间也不足以欣赏完佛罗伦萨蕴含的全部文化宝藏！从米开朗基罗广场上可以看到佛罗伦萨古城的全貌，尤其在太阳落山时景色更佳。如果想错开人流游览，可以按照个人的喜好选择浪漫、哲学或航海路线参观。

关于圣母百花大教堂的几个数据

建造该大教堂花费近 **600** 年的时间

教堂内壁画的总面积为 **3600** 平方米

砖砌穹顶的直径为 **45.5** 米

其大小在欧洲排名第 **5** 位（前 4 名分别是梵蒂冈圣彼得大教堂、伦敦圣保罗大教堂、塞维利亚大教堂和米兰大教堂）

比萨教堂广场（意大利）

>> 神奇的“败笔”

在比萨教堂广场上，有一组著名的中世纪建筑群，包括大教堂、洗礼堂、钟楼和公墓等。但比起大教堂，更加令比萨这座城市知名的是教堂的钟楼，也就是人们熟知的比萨斜塔。如今，斜塔已成为比萨的城市标志和象征。在蔚蓝的天空下，葱绿的草地上，这座白色大理石建筑吸引了世界各地的游客。他们摆好姿势，好让自己在照片上看上去正在支撑濒临倒塌的塔楼。

12 世纪，这座塔仅建造三层就遭遇了地质沉降。到了 14 世纪，整个工程完工，但此后的修缮工作从未间断。至 21 世纪初，斜塔已经被扶正 50 厘米。现在游客已经可以重新进入斜塔参观，攀爬 294 级螺旋楼梯，并从高处欣赏比萨教堂广场、大教堂、洗礼堂和公墓等。公墓因保留着当年十字军从圣城耶路撒冷各各他山带回的土而有名。

>> 游览建议

对于想要登顶比萨斜塔的游客来说，建议在网上购买免排队预约票以减少等待时间（虽然价格会稍贵）。比萨值得游览的地方不只有比萨教堂广场，你还可以到阿诺河边的蓝宫参观，在河边漫步或在市中心的铺石小路上走走，这些都是不错的选择。

它们都是斜的建筑

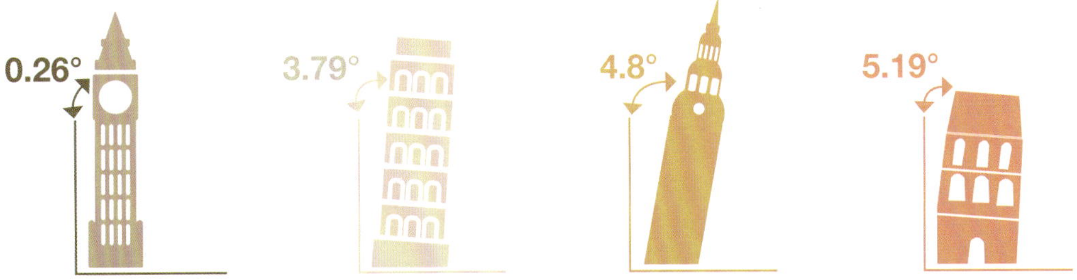

大本钟（英国）　比萨斜塔（意大利）　巴德夫兰肯豪森教堂（德国）　苏乌尔胡森斜塔（德国）

威尼斯及潟湖（意大利）

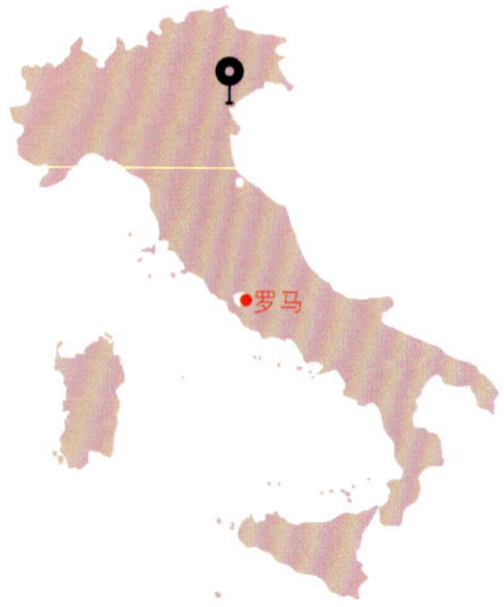

>> 潟湖上的城市

由 118 个岛屿组成的威尼斯给人的感觉就是一座漂浮在潟湖上的城市。人们仿佛已经忘记，6000 年前这里曾是一片沼泽遍布的平原。中世纪时，人们开始改道河流，在潟湖上兴建了一些建筑，也加固了海滩。如今，贡多拉船、水上巴士和斯拉夫人堤岸已让潟湖面貌与往日不同。

市内的 450 座桥梁串联起各个岛屿。其中最有名的当属叹息桥（因囚犯从牢房过此桥到刑房而得名，见第 132—133 页）和位于大运河上外形独特的里亚托桥。16 世纪建造的里亚托桥替代了原有的一座木桥，将威尼斯的政治和经济中心连接了起来。里亚托桥桥身用大理石建造，桥面有三条人行道，桥高足够船只通行，两侧还有成排的店铺。其宏大的规模，可比肩总督府和圣马可大教堂，彰显了威尼斯曾经作为共和国的实力。

如今威尼斯受全球气候变化影响很大，潮汐也会定期淹没城市的部分街区。由政府主导的摩西计划旨在帮助威尼斯防治水患。同时有必要通过减少污染、限制船速、清除淤泥等方法对潟湖进行保护。

>> 游览建议

在参观完圣马可广场、里亚托桥、威尼斯大运河等著名景点后，离开市中心徜徉在威尼斯城市的小街小巷时才算真正发掘到威尼斯的魅力。多尔索杜罗区仍保留着原始的韵味。在圣乔治马焦雷教堂钟楼上观赏到的风景同样迷人。去穆拉诺岛走一趟也算不虚此行。

防治水患的摩西计划

1.94 米
威尼斯潮汐的历史峰值，出现在 1966 年

4.5 千米
涨潮期间已安设的长挡板长度，为摩西计划的施工作准备

78 个活动水闸
分为 4 段，总长 1600 米

五渔村（意大利）

>> 悬崖边的村庄

临海的五渔村如伊甸园般美丽。世代生活在此的人们不仅垒砌了数千米长的石墙，而且为了种植橄榄树、葡萄和珍稀的藏红花平整了陡峭的山坡。

位于意大利西北部的五渔村为悬崖边五个村的统称，但这些中世纪村庄的特色却不尽相同：蒙特罗索拥有广袤海滩，韦尔纳扎建有保存完好的游船港口，柯尔尼利亚被葡萄田环绕，马纳罗拉和里奥马焦雷的山坡上密密麻麻排布着外嵌彩色马赛克的房屋。连接马纳罗拉和里奥马焦雷之间的“爱情小径”非常迷人，每年夏天吸引不少游客前来。海岸线被海浪拍打成锯齿形状。五彩的遮阳伞把这里的夏天点缀得更加绚丽。

前往五渔村最好的方式是乘坐火车。在村里游览时很容易迷失在又陡又窄的小巷里。如遇小教堂或者城堡，可以登高眺望无边无际的地中海。

>> 游览建议

一年中最佳的游览时间是5月至9月，建议避开游客众多、物价飞涨的夏季。很多游客会选择在这五个小渔村之间进行徒步旅游，或者找一间民宿住上一段时间，感受意大利的乡村之美。

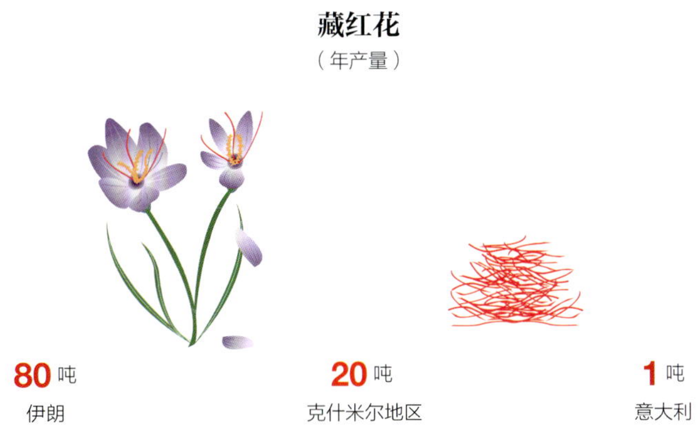

梵蒂冈城（梵蒂冈）

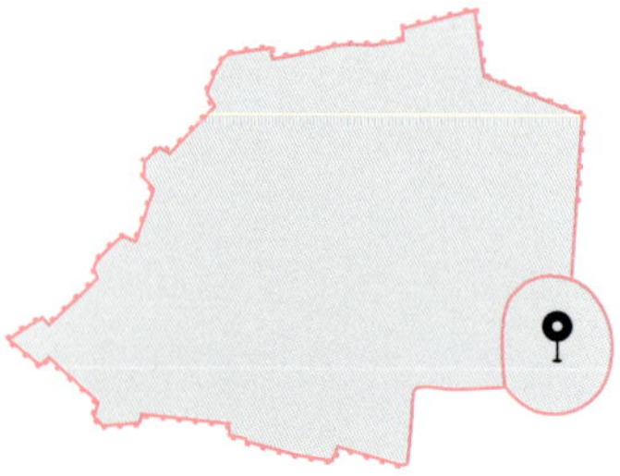

>> 天主教的中心

尽管梵蒂冈是世界上最小的国家，却有着当今世界上最大的教堂——圣彼得大教堂。梵蒂冈被视为全世界天主教的中心。圣彼得大教堂是集教皇寝宫、宗座宫和大教堂于一体的建筑。

教堂最初建于公元 4 世纪，是在使徒圣彼得的墓地之上修建的。16 世纪至 17 世纪初，当时最负盛名的大师们又对教堂进行了重建。建成后的教堂规模更加宏伟壮观，巨型圆顶穹窿俯视着“永恒之城”罗马。

游览梵蒂冈城一般从圣彼得大教堂前由贝尔尼尼设计的广场开始，只要教皇出现，广场上都会有大量游人聚集。随后参观教堂的中厅、礼拜堂和圆顶等。教堂中圣彼得雕塑的脚每天受到朝圣者的抚摸，闪耀着金色。参观完圣彼得大教堂后，可以去梵蒂冈博物馆看一看，这里存放着许多精美的艺术品，价值无法估量，年代跨越从古埃及到现代。

>> 游览建议

即便只参观圣彼得大教堂，也需要至少两个小时。建议提前购买免排队预约票以减少排队的时间。站在教堂穹顶下方的阳台上可以从高处欣赏梵蒂冈城美丽的全景。每周日中午教堂的广场上都会有大量游人来参加教宗祝福活动。

关于梵蒂冈的几个数据

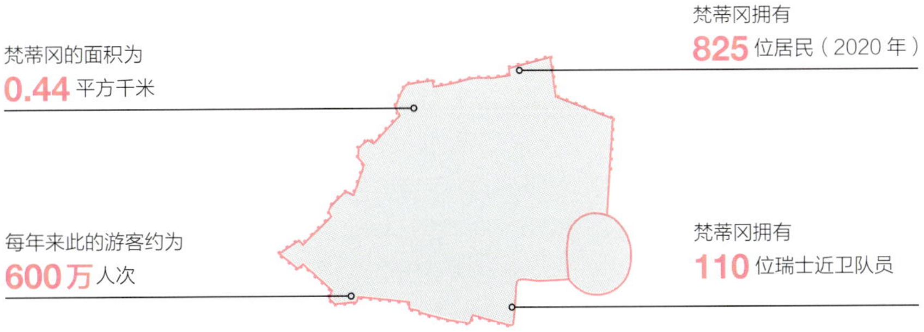

杜布罗夫尼克旧城（克罗地亚）

>> 亚得里亚海的珍珠

杜布罗夫尼克曾是该地区著名的商业城市，其历史可追溯到公元 7 世纪。杜布罗夫尼克位于克罗地亚南部达尔马提亚半岛上，邻近波斯尼亚和黑塞哥维那以及黑山边境，有着天堂一般的美景。

杜布罗夫尼克旧城面积虽小（不到 1 平方千米），可游览的景点却不少，例如主街斯特拉顿街、方济各会修道院、总督宫、圣柏列兹教堂、杜布罗夫尼克主教座堂以及备受青睐的古城墙等。站在古城墙上，能更好地欣赏这里橙色砖瓦的屋顶和海景。1667 年的地震以及 20 世纪 90 年代的武装冲突，或多或少都对旧城部分建筑造成了损坏，但中世纪旧城的风貌依存。在被电视剧《权力的游戏》选为拍摄地之后，这里一跃成为热门度假胜地，游客每年已达 400 万人次。

>> 游览建议

登上旧城城墙绕城参观，在高处可以拍出更理想的照片。城墙的游览时间一般为 1 至 1.5 小时。旅游旺季时，建议在 9 点开门时就到达景点，避开人流和高温。

杜布罗夫尼克旧城的城墙

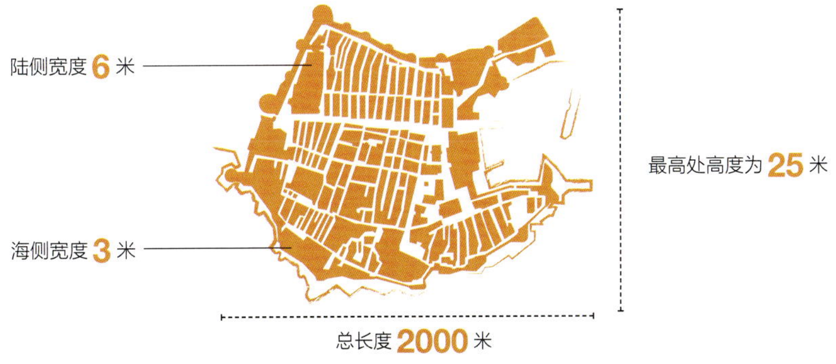

德尔斐考古遗址（希腊）

>> 古希腊神话中“世界的中心”

德尔斐位于科林西亚湾北面帕尔纳索斯山的山麓，是古希腊宗教中心和城邦之一。传说这里是太阳神阿波罗转述神谕的地方。他的父亲宙斯选定此地为“世界之脐”（即“世界的中心”）。遗址除阿波罗神庙外，还包括纪念碑林、剧院、运动场等建筑。自公元前 586 年起，这里成为皮媞亚竞技会的举行地。德尔斐遗址至今保存状态完好，游客甚至可以在跑道上追逐，体验一下当年的传统竞技。在寻访古迹的同时，你可以畅想下古希腊人求取预言的盛景——朝圣者从各地来此，虔诚地通过女祭司向阿波罗提问，并接受阿波罗的女祭司皮媞亚的神谕。女祭司完成净化仪式后，开始施展通灵法术，然后小声说出谜题和预言的内容。当时古希腊所有政策的制定都必须依从神的旨意。起初每年一次的预言活动很快演变成了每月一次。德尔斐的影响力随着后来基督教的到来而逐渐减退。

>> 游览建议

夏天到德尔斐考古遗址参观体验会更佳。如果想要深度游览，伊泰阿的橄榄树林或帕尔纳苏斯山的草坡都是散步的好地方，也可以继续前行到另一处世界文化遗产——俄西俄斯罗卡斯修道院参观。

占卜师——当代皮媞亚

21% 的法国女性和 9% 的法国男性曾咨询过占卜师

法国有 150 位占卜师

在法国，这是一项年营业额高达 40 亿欧元的产业

雅典卫城（希腊）

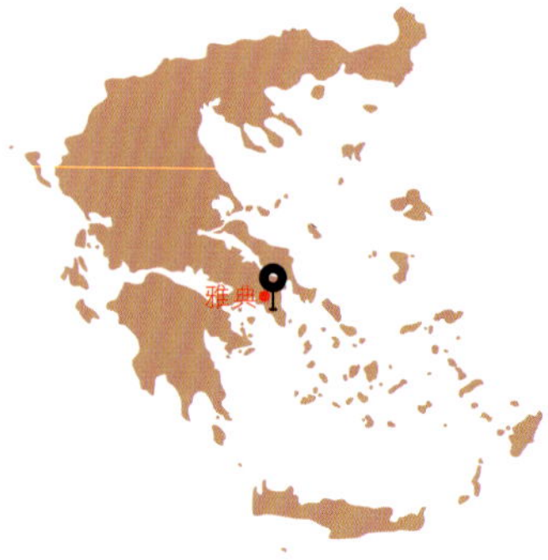

>> 古希腊建筑艺术的典范

卫城山丘挺拔矗立在雅典市中心，在城中各个街区都可以领略其壮美，站在山顶，雅典城市的全貌一览无余。雅典卫城位于卫城山丘上，是古希腊留给世界的杰出建筑和艺术品。这里的古迹修缮工程似乎永远不会完工，但人们依然可以体会到历史的厚重，并很快沉浸其中。曾先后被改建成清真寺和军火库的帕特农神庙恐怕是受损最严重的建筑，部分残垣断壁还被偷运到大英博物馆成了展品。尽管如此，它仍是雅典卫城完美的标志，也是希腊全盛时期建筑与艺术的主要代表。伊瑞克提翁神庙的女像列柱复制品（原品被拆除，已妥善保存）丝毫不影响其整体观感。

参观完雅典卫城，还可以去感受一下坐落在雅典这座城市中的其他古迹。坐在曾拥有 1.7 万个座位的狄奥尼索斯剧场遗址中，可以想象当年雅典市民观看剧作家欧里庇得斯、索福克勒斯或阿里斯托芬的作品时鼓掌致意的情景。这座剧院的音响效果曾经是非常棒的，不幸的是其损毁状况比不远处的希罗德·阿提库斯剧场还要严重。后者不但曾举办过帕瓦罗蒂和玛丽亚·卡拉丝的演唱会，也是每年 5 月至 9 月雅典艺术节的举办地。

>> 游览建议

为避免在炎炎烈日下（尤其是夏天）长时间排队等候，建议在早上 8 点开门时开始游览雅典卫城。游览的最佳季节为每年 5 月至 6 月或 9 月至 10 月。在地铁卫城站下车后，从南坡上山游览会比较惬意。在黎明或傍晚时分，灯光点亮，雅典卫城的石头上会映射出金色的光芒。

大批的游客

开放时间
雅典卫城每天向游客开放 **11** 个小时，全年无休

游客
每年来希腊旅游的游客数量达 **3000 万**人次

国内生产总值
旅游业约占希腊国内生产总值的 **20%**（1/5 的希腊人从事与旅游相关的工作）

住宿
雅典、罗得岛和塞萨洛尼基在旅游旺季时期的客房入住率为 **100%**

迈泰奥拉修道院（希腊）

>> 天空之柱

迈泰奥拉位于希腊中北部。据神话传说描述，这里的砂岩于危难之际从天而降，为修行者们提供了避世的安全场所。11 世纪以来，隐士与修道士就开始借助木梯、绳索等攀爬到岩石上的洞穴里隐居祈祷。此后，他们开始尝试在这些巨大的砂岩柱顶上修建住所，以躲避政局混乱和宗教迫害。据记载，从阿索斯山逃难而来的东正教僧侣亚他那在这里修建造了第一座高空修道院，起名为“大迈泰奥拉”，在希腊语中意为“源于上天”。14 世纪至 16 世纪，该地区先后又建造了 20 余座修道院。当时人们仅借助原始的爬梯和升降设备就完成了这一系列伟大的工程，令人难以置信。

如今这里保存完好的修道院还有六座，修道院内祭坛上可见镶金的彩色图画。对于希腊的东正教信奉者来说，迈泰奥拉是仅次于阿索斯山的第二大圣地。按照传统，每年复活节期间的周五，附近卡兰巴卡村和卡斯特拉吉村的女人们都会向年轻的男士们送上一片织物。接受礼物的男士们必须将织物挂在修道院内以纪念圣乔治。1920 年以来，人们沿着石柱外壁开凿了石梯并搭建了桥梁，以方便当地村民前往修道院完成上述仪式。游客们也可以前来登高一览壮丽美景。

>> 游览建议

最佳的游览方式是在这里停留两日，参观六座修道院并欣赏日落时分的风光。作为世界文化与自然双重遗产，迈泰奥拉的自然风光同样独具魅力。秋天，可以感受大自然在这里展现出的火红色彩。冬天，积雪会让这里更具吸引力。尽量避免夏天前来，大批的游客和车辆会影响旅游体验。

空中的“圣所”

迈泰奥拉共有 24 座修道院，其中可供参观的仅存 6 座

前往瓦尔拉姆修道院（迈泰奥拉最负盛名的修道院之一）需要登上 200 级台阶

迈泰奥拉的最高海拔为 613 米

阿布辛拜勒神庙（埃及）

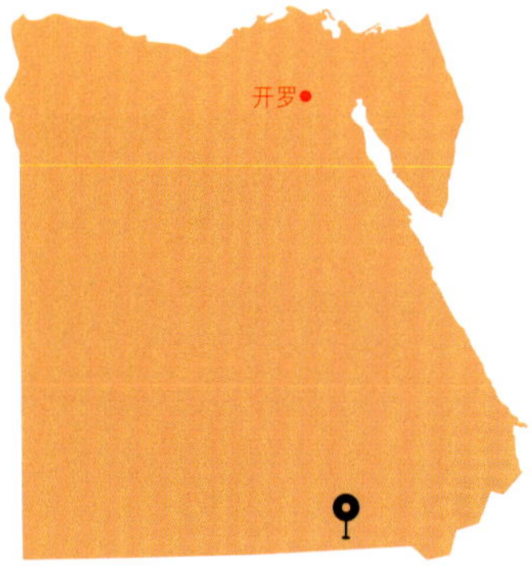

>> 被联合国教科文组织拯救的法老神庙

必须在过去与未来之间作出抉择。为了治理尼罗河的水患、增加发电量和耕地面积，埃及于 1956 年决定建造阿斯旺大坝。这对建于公元前 13 世纪的阿布辛拜勒神庙来说可不是个好消息。

阿布辛拜勒神庙由拉美西斯二世神庙及其妻子奈菲尔塔丽神庙两部分组成。为了避免神庙被水淹没，联合国教科文组织发起了拯救行动，并获得了许多国家响应。最终阿布辛拜勒神庙被切割、搬迁至比原址高 64 米的地方，并得以重新还原，摆脱了被淹没在水下的命运。3000 工人花了 3 年半的时间才将切割后的巨大积木重新拼好，而原址已沉入水底。

成功搬迁之后，原神庙中的天文奇迹并没有消失。每年 2 月 22 日和 10 月 22 日（拉美西斯二世的生日和加冕日），清晨的第一缕阳光会照进入口，穿过整个神庙，照亮最里面的雕塑。

>> 游览建议

在阿布辛拜勒过夜是不错的选择，既能避开旅行团人群，也能更加从容地欣赏这里的声光表演。拥有四座巨型雕像的拉美西斯二世神庙是必去的景点。奈菲尔塔丽神庙的内饰大部分描绘的是私人生活与情感。乘坐阿布辛拜勒至阿斯旺之间的游船也非常值得体验。

浩大的搬迁工程

1964 年
搬迁开始

神庙被切割成
1.6 万 个石块

31 万 吨石头被移走

1968 年
搬迁结束

3000 名工人
参与搬迁

吉萨金字塔群（埃及）

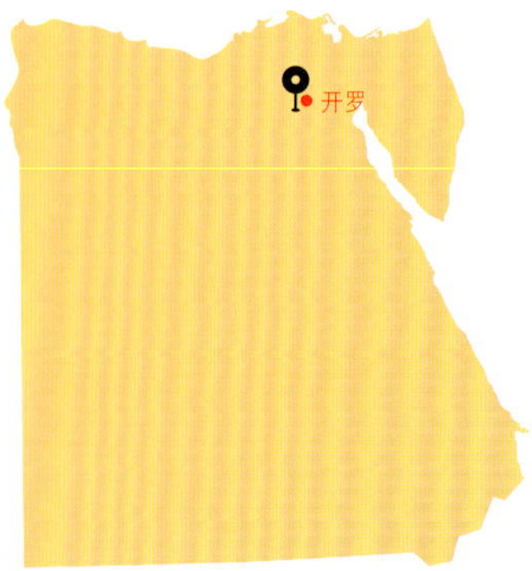

>> 与四千年历史的邂逅

作为法老们权势象征的吉萨金字塔群在沙漠中散发出惊人的威严和力量。无论是普通游客还是拿破仑，都曾被这里的景象所震撼。

吉萨金字塔群位于开罗市郊。当你来到这里游览，整个旅程就像是一次与历史的邂逅。由于金字塔群规模庞大，游客们只能在远处才能欣赏到三座金字塔一字排开的全景。你可以忘记《丁丁历险记》中丁丁和印第安纳琼斯的冒险经历，因为在金字塔内部旅行既不会找到宝藏也不会穿过暗门。金字塔内部的楼梯又窄又陡，在令人窒息的热浪中进入巨大陵墓是一种独特的考验。虽然金字塔里面的石棺和木乃伊早已移到别处保存，但闭上眼睛我们似乎还能感受到缠着绷带的法老们依然注视着这里，真的非常神奇。

>> 游览建议

如果想要参观金字塔内部，哈夫拉金字塔比胡夫金字塔更漂亮而且游客较少。在清晨 8 点或即将关门时前往景点参观，可以避开大批人流，还能欣赏到太阳在金字塔尖升起或落下的美景。晚上这里还有梦幻般的声光表演。

世界上最大的金字塔——胡夫金字塔

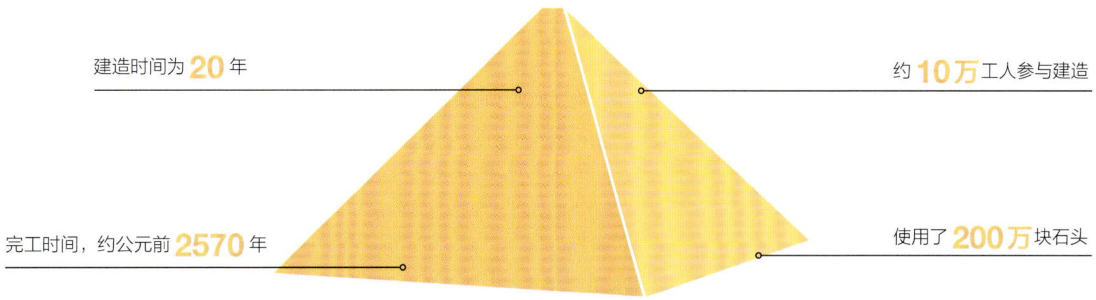

索维拉的麦地那（摩洛哥）

>> 大西洋岸边的贸易港口

“麦地那”在阿拉伯语中是“城市”的意思，因此索维拉的麦地那也被称为索维拉城。15 世纪，葡萄牙人在这里建造了第一座军事堡垒，命名为“皇家城堡”。到了 18 世纪，当时的苏丹为了让摩洛哥拥有一座能够控制欧洲和非洲之间贸易的港口，他聘请了法国建筑师泰奥多尔·科尔尼，在此地设计建造一座军事商业两用的城市，并取名索维拉。科尔尼的设计很大程度上借鉴了法国港城圣马洛的风格，同时也融合了北非的地方特色。城市拥有笔直的主干道和环城的围墙。漂亮的穆斯林社区是根据城市的几何布局重新规划建造的。城市范围内还有古城门、城堡、杜卡拉门要塞、马拉喀什门要塞以及典型的犹太人居住街区梅拉。自从建城开始索维拉城就一直保持着不同文化、不同宗教并存的传统。同时作为重要的国际贸易海港，索维拉城连接着非洲内陆地区与世界其他国家的贸易往来。

>> 游览建议

港口是索维拉城最繁忙的地方之一。如果选择远离港口和成排的商铺，你可以静静体会索维拉老城的独特魅力。沿着布满大炮的城墙散步，吹着迎面而来的大西洋海风，是一件非常惬意的事情。

索维拉港的捕鱼业

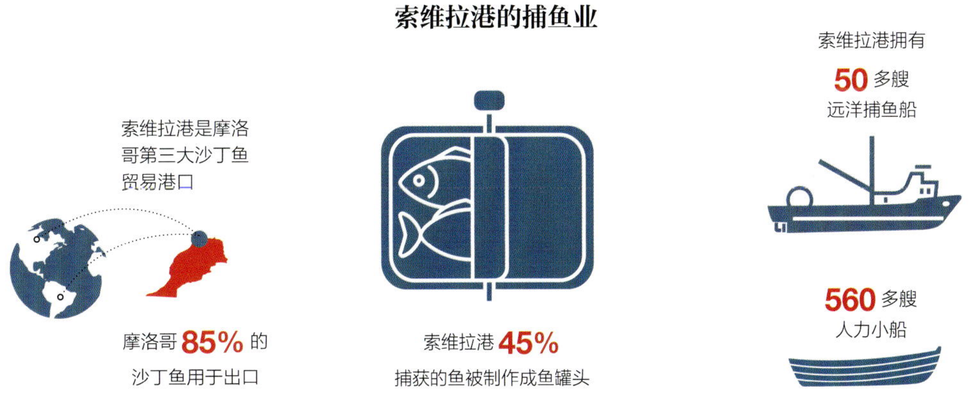

阿伊特本哈杜筑垒村（摩洛哥）

>> 沙漠商路中的守卫

阿伊特本哈杜筑垒村地处阿特拉斯山脉余脉的一座小山坡上，是一座中世纪兴建起来的乡村防御工事。村内拥有公共谷仓、清真寺、公共广场、商队旅馆、犹太陵园和穆斯林陵园等建筑。建筑材料为烘干泥土，非常适合当地的气候。民居和城墙朴实无华，由转角塔架加固的城墙环绕着山庄，城墙中一些小型城堡也配有转角塔架，上端用黏土装饰出各种图案。阿伊特本哈杜筑垒村从建成之日起，便守护着穿越撒哈拉沙漠的主要商路。

自 1950 年起，村庄被逐渐遗弃。作为世界遗产，这里的保护工作迫在眉睫。相比先辈们的传统民居，现在的摩洛哥人更喜欢舒适的现代住房。现在村子里，仅在堡垒周围居住着十几户人家。

>> 游览建议

这个小村庄曾是多部电影的取景地。村庄内的街道都通向高处，可以在露台上边喝薄荷茶边欣赏风景。如果想体验更地道的居住氛围，可以在古村选择一处用蜡烛照明的要塞内留宿。

茶——广受喜爱的饮品

2020 年全世界生产的茶叶总量为**626.9万**吨

茶水是世界上消费第二多的饮料，仅次于水

茶叶在中国的种植面积和产量均居世界第一位

摩洛哥举国上下都爱饮用薄荷茶，以茶代酒是这里的主要待客方式

沃吕比利斯考古遗址（摩洛哥）

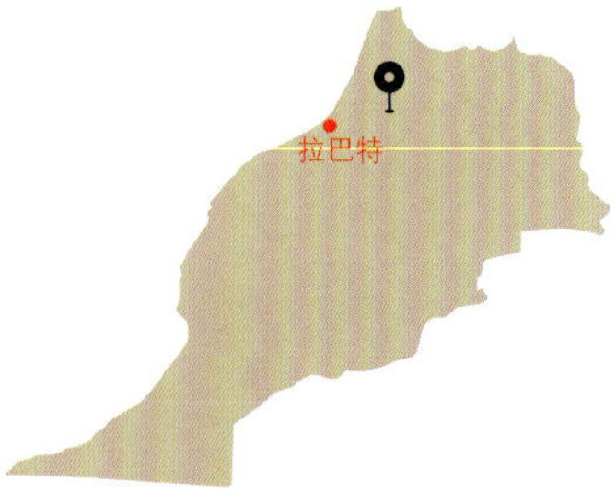

>> 摩洛哥的“罗马古城”

在公元前 146 年，迦太基陷落成为古罗马的臣国之前，沃吕比利斯曾是北非柏柏尔人的领地，也是北非古国毛里塔尼亚的首都。

沃吕比利斯地处肥沃的农业种植区中心，主要从事橄榄油贸易，这里曾发现 60 台榨油机。浴场、神庙、引水渠、集市和国会建筑这些古罗马繁华城市所拥有的设施在这里一应俱全。城市主干道通往为古罗马皇帝卡拉卡拉建造的一座凯旋门。凯旋门于公元 217 年建造，这位皇帝也在同年遇刺。在沃吕比利斯可以欣赏到难得一见的古罗马马赛克实物——在爱斐波、维纳斯或狄俄尼索斯的神殿中仍有残存。

公元 3 世纪初期，城市的面积为 42 公顷，居民1万人。到了公元14 世纪，已经残破不堪的城市仍有少量人居住。18 世纪这里仅剩的大理石和有利用价值的石柱被运送到了当时正在修建的皇城梅克内斯。遗迹的考古发掘工作多年以后才逐渐开始。

>> 游览建议

沃吕比利斯考古遗址的面积非常大，每座建筑都需要有人讲解。建议请一名导游方便完整地参观景点。从福兹或梅克内斯出发很容易到达这里。夏天此地的气温能达到 40℃，遗址内一片树荫都没有，因此不建议夏天前来参观。

建造沃吕比利斯城内建筑所使用的五种材料

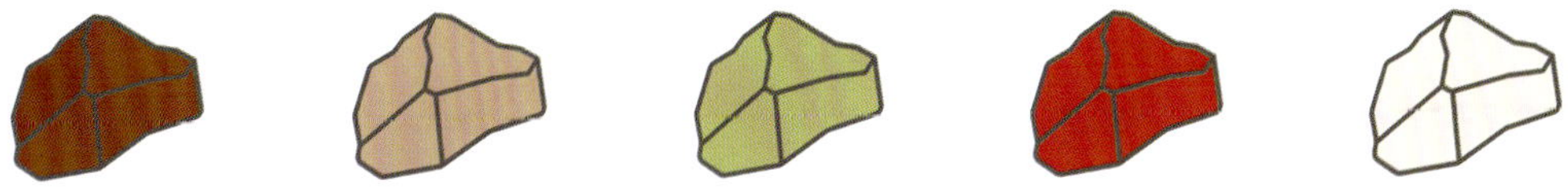

黏土
以硅酸盐为主要成分的天然石材

泥灰岩
方解石和黏土的混合石材

磨拉石
沉积岩集合体

砂岩
碎石含量 50% 以上的沉积岩

石灰石
主要由碳酸盐和钙组成的沉积岩

蒂姆加德（阿尔及利亚）

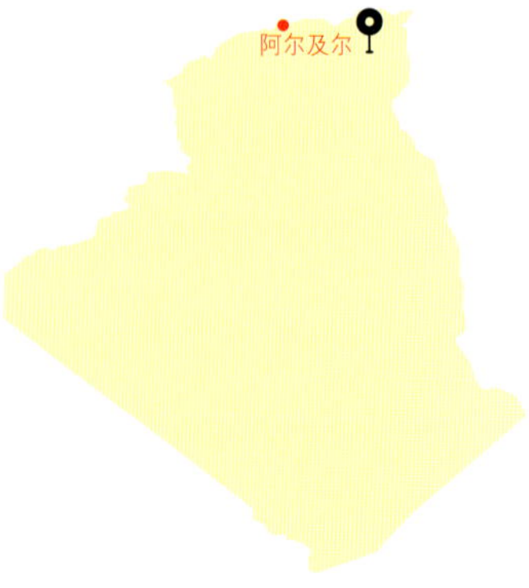

>> 古罗马式凯旋门

蒂姆加德位于奥雷斯山脉以北，阿尔及利亚首都阿尔及尔东南方 480 千米处，是古罗马皇帝图拉真于公元 100 年下令建造的。

这里最初是古罗马奥古斯都第三军团建造的一系列军事哨所之一。在古罗马人的统治下，蒂姆加德逐渐发展成一座繁华的城市。蒂姆加德的城市规划布局如棋盘一般精确整齐，为典型的古罗马样式。在东西和南北主干道交会的中心附近建有城市广场，城市内还建有剧场、浴室、图书馆、教堂、丘比特神殿以及民居、商店、酒馆等。公元 2 世纪中期，在东西向主街的西端建起一座由三个拱门构成的图拉真凯旋门。中拱门下方是行车道，道上的车轮印如今仍清晰可见，两边的小门下方是人行道。今天，12 米高的凯旋门依然完好无损地矗立着。

>> 游览建议

自 1967 年以来，每年 7 月份蒂姆加德都会举办国际音乐节，此时前来可以更好地感受这座古城的魅力。为减少对古迹的破坏，相关活动已被转移至不远处一个仿造的古罗马竞技场内举行。竞技场背后还建有一座仿制的图拉真凯旋门。

蒂姆加德历史上几个重要的时间节点

公元 **100** 年，由古罗马皇帝图拉真下令建造

↓

公元 **430** 年，遭受汪达尔人入侵

公元 **535** 年，被柏柏尔人毁坏

公元 **539** 年，被拜占庭帝国重建

姆扎卜山谷城镇（阿尔及利亚）

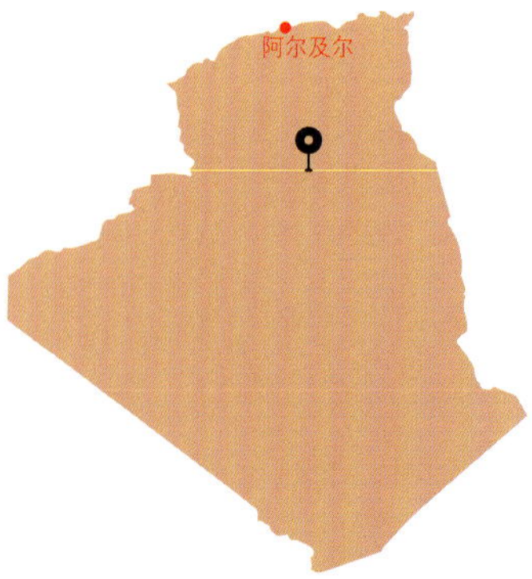

>> 布局前卫的城镇

公元 10 世纪时，伊巴丹人在撒哈拉沙漠北部的姆扎卜山谷修建了五座城镇。这些城镇的建筑布局和风格基本一致。每座城镇的中心都建有一座清真寺，清真寺的宣礼塔可起到哨塔的作用。城镇内的住宅围绕清真寺呈同心圆状分布。城镇内建有学校、市场以及纵横交错的街道。大道通往城镇的公共设施，而小巷则通向民居。1000 年来，房屋的风格和建造技法没有发生改变。与传统阿拉伯人的城镇布局不同，这里的市场并不在城镇中心，而是建在城墙附近的低地处。城镇的饮用水和灌溉系统巧妙设计，使得棕榈树茂密成荫，为居民在炎炎夏日提供了一丝阴凉。

姆扎卜山谷的建筑结构虽为群体居住设计，但同时也尊重了每个家庭的隐私。这种设计风格为费尔南·普永、勒·柯布西耶等当代著名的建筑师和城市规划师提供了创作灵感。姆扎卜山谷的五座城镇融合了传统住宅、农业、环保和可持续发展等要求，被视为布局前卫的城镇。

>> 游览建议

这里的每座城镇都有其独特之处，建议在参观之前，先请一位当地的向导。在贝尼伊斯根城，当地居民仍然保持着自己传统的生活方式，城门在夜晚会关闭。 盖拉拉和拜尔扬的绿洲景观不容错过，这两座城镇位于姆扎卜山谷的北面。

椰枣，原产于南亚和北非，为干热地区重要的果树作物之一，也是阿拉伯人必不可少的食物

椰枣

2020 年
埃及的椰枣产量为 **170 万**吨，排名世界第一

2020 年
沙特阿拉伯椰枣产量超过 **150 万**吨，排名世界第二

椰枣也是阿尔及利亚主要农产品，主要产自南部沙漠绿洲中

杰姆古罗马竞技场（突尼斯）

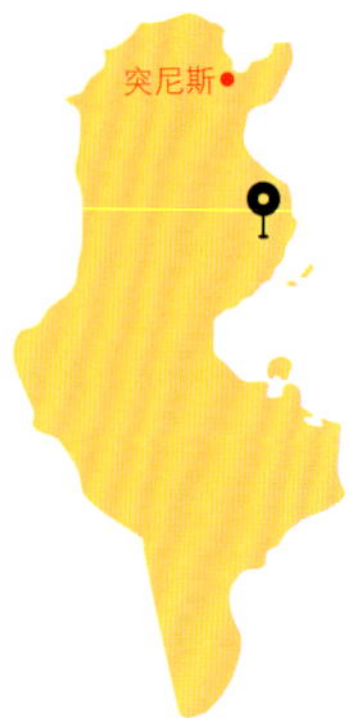

>> 北非的古罗马遗迹

在突尼斯东部的杰姆小村内，坐落着古罗马帝国在北非最大的圆形竞技场——杰姆圆形竞技场。这座公元3世纪建造的竞技场规模巨大，能容纳3.5万名观众，是古罗马帝国鼎盛辉煌的见证。

竞技场平面呈椭圆形，完全采用石块砌成，外形与罗马斗兽场类似。由三层科林斯式柱子和拱门组成的外墙在17世纪时遭到破坏，但竞技场内部和地下部分基本保持着原貌。曾经作为角斗士格斗比赛、战车比赛和其他竞技游戏举办地的杰姆古罗马竞技场，今天仍然是一座可以使用的剧场。部分看台被修复之后，自1985年以来这里一直承办国际交响音乐节。

>> 游览建议

杰姆古罗马竞技场每年接待游客超过 50 万人次。游客可以进入杰姆古罗马竞技场内的狮子坑以及角斗士小间里参观。这种原始的风格在现存的古罗马竞技场中独一无二。

古罗马竞技场能容纳的观众数量

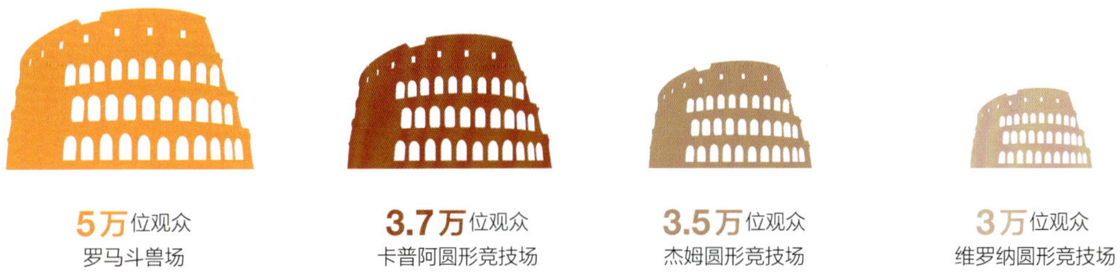

苏塞的麦地那（突尼斯）

>> 重要的军事港口

苏塞的麦地那也被称作苏塞老城，距突尼斯城150千米，于1988年被列入《世界遗产名录》。城市的外墙建在靠海的一侧，保护城市不受包括海盗在内的敌人侵袭。

在公元9世纪的阿克拉布王朝统治时期，苏塞就是重要的贸易枢纽和军事港口。古城内现存的遗迹包括老城区、古城墙、清真寺和兼具宗教与防御功能的建筑里巴特。里巴特受拜占庭式建筑风格影响，中央的内院建筑有两层，可通往35个房间。它是苏塞老城内最古老且保存最完好的堡垒－宗教一体建筑。里巴特南侧有一座清真寺。清真寺朝向东南的塔楼建于公元821年，在遭到外敌攻击时，这里曾作为前哨将消息传送给25千米外的莫纳斯提尔。

>> 游览建议

从莫纳斯提尔出发沿着海边公路自驾来到苏塞是不错的旅行体验。苏塞这座旅游城市不仅有大片的红沙海滩，还有代表传统生活方式的阿拉伯人聚居区。你还可以登上苏塞老城东南侧的塔楼，俯瞰老城和哈马马特湾的美景。

关于苏塞老城的几个数据

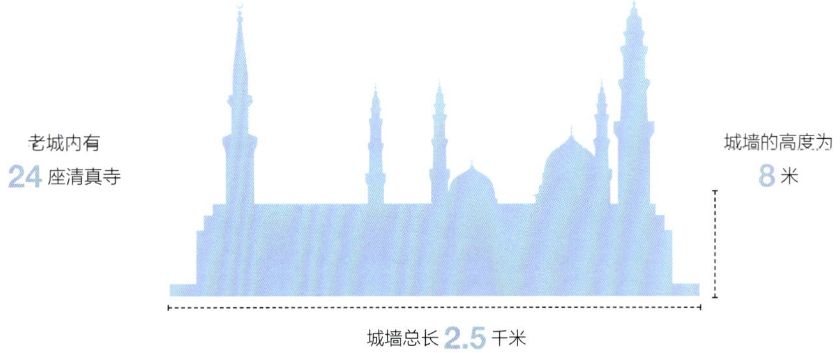

迦太基遗址（突尼斯）

>> 被摧毁的城市

迦太基遗址位于突尼斯城东北 18 千米处。迦太基在腓尼基语中意为“新的城市”。

据传迦太基城是由腓尼基人于公元前 9 世纪建造。自公元前 6 世纪起，迦太基逐渐发展成了一个疆域遍布地中海沿岸的海洋帝国。公元前 146 年第三次布匿战争中，古罗马人战胜腓尼基人，迦太基帝国灭亡，迦太基城被古罗马人洗劫一空并摧毁。后来由尤里乌斯·恺撒于公元前 1 世纪后半叶在原址上重建的新迦太基城，先后扮演着古罗马帝国阿非利加行省的首府和拜占庭帝国迦太基总督区首府的角色。公元 698 年阿拉伯人入侵，并再次将这里摧毁，占地 4 公顷的安东尼大浴场也难逃浩劫。安东尼大浴场内除了有奥运标准泳池般大小的浴池外，还有大型公厕。浴场的规模之大令当初参与挖掘工作的考古学家一度以为这里是一座竞技场。

>> 游览建议

迦太基遗址的一切都值得一看。除了安东尼大浴场，还有拜尔萨卫城、布匿港口、布匿托菲特（用于向神献祭的场所）、公墓、剧场、竞技场、教堂和拉马尔加蓄水池等。对于喜爱摄影的游客来说，突尼斯湾是一处全景摄影的理想拍摄地，这里的光线非常适合拍照。

古罗马帝国几个大城市的人口

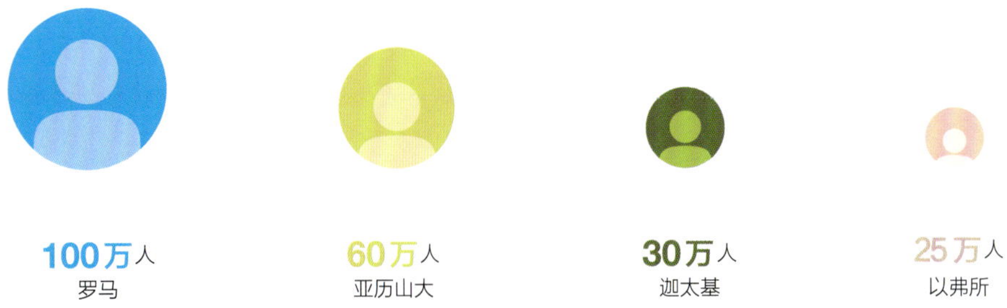

杰内大清真寺（马里）

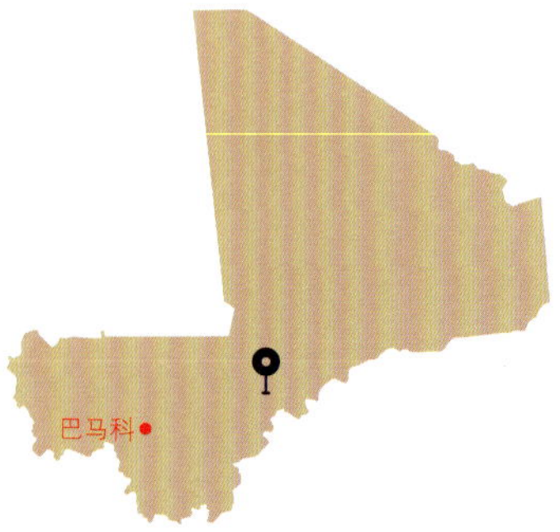

>> 巨大的泥土建筑

杰内曾是黄金贸易的十字路口，还是古代非洲内陆商路上的重要中转站。杰内古城至今仍保留有约 2000 座用黏土砖筑成的传统建筑。杰内古城最负盛名的古迹是杰内大清真寺。杰内大清真寺是世界上最大的泥土建筑。1280 年筑成的杰内大清真寺融合了伊斯兰文化和非洲文化。原建筑于 19 世纪初被废弃，现存的建筑是 1907 年重建的复制品。炙热的阳光与雨季的雨水都会损伤建筑表层。因此杰内每年都会举办一次修缮清真寺的活动，当地人称之为“涂泥节”。节日当天人们从四面八方赶来，男人们运黏土，女人们运水，共同完成这场重要的维修活动。年轻人通过观察前辈们的一招一式学习修缮技术。穿过杰内大清真寺外墙的大量木梁，既起承重作用，也方便施工。

>> 游览建议

杰内大清真寺内部不对外开放。从外面欣赏这座巨大的泥土建筑同样令人震撼。你可以选择在“涂泥节”来到杰内古城，参观杰内大清真寺的修缮庆祝活动。

关于杰内大清真寺的几个数据

拉利贝拉岩石教堂（埃塞俄比亚）

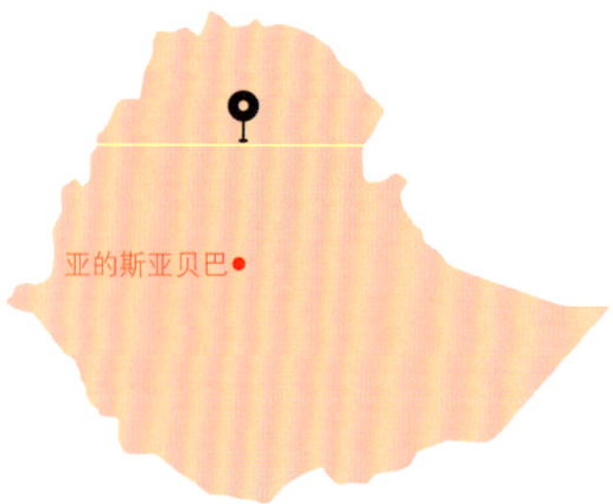

>> 埃塞俄比亚的“耶路撒冷”

传说拉利贝拉国王在梦中接到建造“新耶路撒冷”的神谕，于是在12世纪后期至13世纪初建造了岩石教堂群。

岩石教堂群共包含11座建筑，位于今埃塞俄比亚中北部海拔2600米的岩石高原上。它们都是在整块岩石上雕琢而成。人们将教堂群所在的城市称为拉利贝拉，从此拉利贝拉成为了人们心中的一座圣城。这些教堂也让那些因宗教战争无法再前往圣城耶路撒冷朝圣的基督教信徒们在自己的土地上拥有了“耶路撒冷”。

教堂群被一条小河分为两组。其中最著名的圣乔治教堂建造在拉斯塔高原的火山凝灰岩中，距离其他教堂较远。仅修建其院落就移除了3000多立方米的石块。从空中俯瞰，圣乔治教堂像个巨大的十字架放置在地上。据当地人传说，圣乔治本人亲自参与了这项工程，每天晚上他都指挥一队天使来此施工。

>> 游览建议

拉利贝拉岩石教堂今天仍是深受欢迎的朝圣地。建议规划两天的时间，将分布在茹尔丹河两侧的教堂全部参观一遍，同时还可以欣赏山中的美景。

拉利贝拉的 11 座岩石教堂

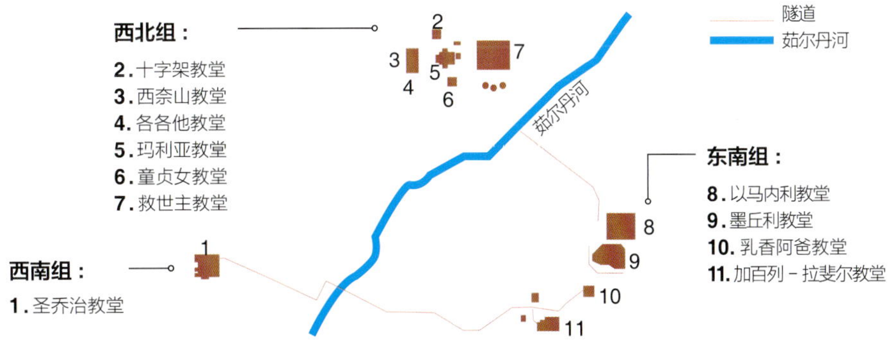

悉尼歌剧院（澳大利亚）

>> 澳大利亚的标志建筑

位于悉尼湾，拥有帆船造型的悉尼歌剧院被认为是20世纪最杰出的建筑之一，也是澳大利亚的标志建筑。但它的建造过程并不顺利。

在可行性没有任何保障的情况下，丹麦设计师约恩·乌松仅凭一幅简单的草图就赢得了竞标。乌松设计的歌剧院花岗岩平台和扇形“壳”采用了一家工程公司的特殊技术来搭建。歌剧院屋顶上百万片瓷砖的铺设工作也花费了好几年时间。面对不断的质疑声，乌松在1966年被迫辞职。此后当地政府向乌松买下了最后的工程设计图，并选派一组设计师接手乌松的工作。悉尼歌剧院终于在1973年竣工。1999年，乌松与悉尼政府达成和解，他被任命为悉尼歌剧院未来发展方面的设计顾问。

2008年，90岁的约恩·乌松去世，虽然直到去世，他也没有去悉尼亲眼看看自己的杰作，但他的作品能被列为世界文化遗产也会让他欣慰。完全不用为悉尼歌剧院的盈利而担心，这个多功能场馆不仅是演出的热门举办地，还能承办体育赛事和会议。

>> 游览建议

必须到远处才能找到一个最佳的全景视野观赏悉尼歌剧院。在环形码头乘坐游船，太阳落山时驶过港湾可以欣赏到太阳余晖下的金色剧院，景色十分迷人。音乐厅对外开放，游客可进入内部参观。即使当天演出爆满，总会有一些视线受限的票以相对便宜的价格出售，你可以选择购买一张进入剧院内部。

成本高昂的建筑

梅多斯湾古迹（加拿大）

>> 维京人的遗迹

1960年，挪威探险家海尔格·英斯和他的妻子——考古学家安娜·丝蒂娜在加拿大纽芬兰岛北部的兰塞奥兹牧草地发现了一处保存完好的11世纪维京人（泛指北欧海盗）在北美的居住地——梅多斯湾古迹。这是北美大陆最早的欧洲人足迹。据说最早来到这里的那艘欧洲船只原本的目的地是格陵兰岛，在遭遇暴风雨后，被洋流带到了新大陆。

该居住地的建立时间约为公元1000年，比哥伦布舰队到达美洲的时间早了将近500年。这里的维京人遗迹中至少有八座建筑物，包括一个冶铁铺、一座高炉和一间锯木厂。当地发现的工具与在挪威发现的同一时期的工具基本相同。此外，遗迹中木质房屋的构架也与北欧的存在相似之处。

梅多斯湾古迹中发现的相关活动证据表明，北欧人到达此地后有向南航行的迹象。他们可能选择在此补给物资或过冬。

>> 游览建议

在前往梅多斯湾古迹之前，建议先看看维京人时代的住宅模型以及当地出土的器物。此外，可以读一读红胡子埃里克的冒险故事，了解一下维京人探索格陵兰和北美的历史。这样参观会因此变得更有收获。

兰塞奥兹牧草地约有 260 种植物

70 种草本植物

60 种苔草属植物

60 种灌木和乔木

50 种藓类和蕨类植物

20 种地衣植物

自由女神像（美国）

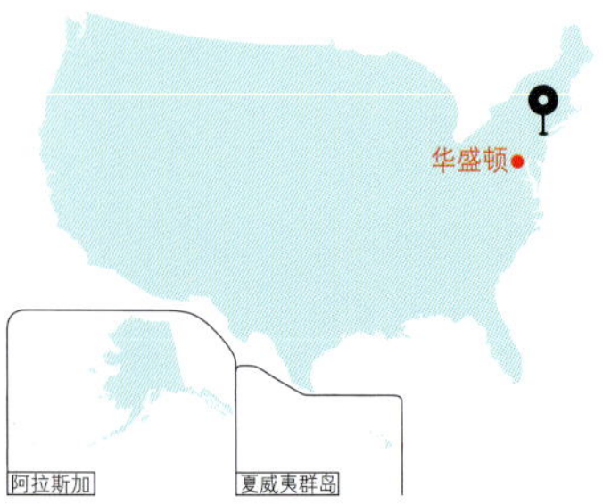

>> 纽约的名片

自由女神像的落成时间比预想的晚了10年。这尊为纪念美法友谊以及美国独立宣言发表100周年而建的雕像，在落成前经历过包括资金和技术问题在内的不少困难。

自由女神像的外形由法国著名雕塑家奥古斯特·巴特勒迪设计，能够抵御暴风骤雨侵袭的内部结构由工程师古斯塔夫·埃菲尔设计。制造工作在法国勒瓦卢瓦－佩雷镇和巴黎完成。从技术层面上看，建造工作在当时是一个了不起的壮举。雕像制作完成后被拆卸分装到200多个箱子里，然后用火车和轮船将其运送到大西洋彼岸的美国。雕像组合完成后被安装在纽约港入口处的基座上，整个过程没有弄丢一个螺栓。自由女神像最终成为了纽约的名片。随着时间的推移，覆盖在自由女神像外面的熟铜片已氧化成我们今天看到的灰绿色。

>> 游览建议

欣赏自由女神像的最佳地点在游船上，而欣赏曼哈顿天际线的最佳地点是女神像所在的自由岛。黎明时分适合乘游船去拍纯风景照片。如果要登上自由女神像的王冠，须至少提前 4 个月预订。

自由女神和她的“姐妹们”

弗德台地国家公园（美国）

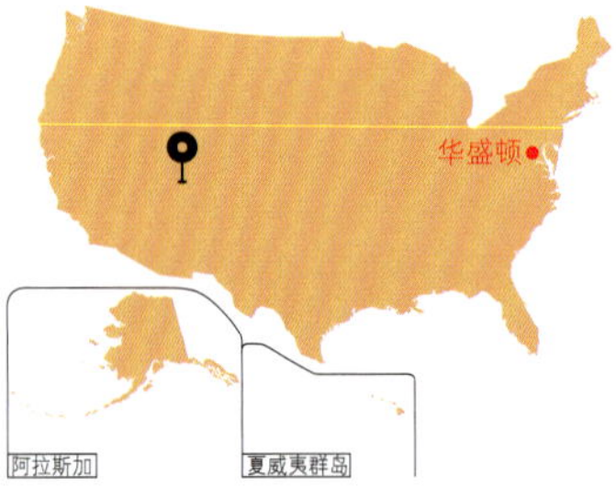

>> 崖壁上的印第安民居遗址

普韦布洛印第安人最初生活在高原，在公元 6 世纪时迁徙到崖壁上居住的原因，应该是为了保护自己。他们在害怕什么？野兽还是其他部落？今天没有人能够回答。现在我们能看到的，是建造在海拔 2000 至 2500 米高的弗德台地砂岩悬崖上，壮观的悬崖民居。有记录的聚居点大约有 4400 个，其中规模最大的建筑群是悬崖宫殿。悬崖宫殿约建于 11 世纪，至今仍可以看出当年的建筑规模与工艺技巧。这里可容纳上百人居住。在悬崖宫殿的外缘，还建有许多圆形地下室，作为敬仰神灵或部族内部社交的场所。弗德台地国家公园的遗址内还出土了大量石器、彩陶、棉布等，证明生活在这里的印第安聚落的文明程度已发展到较高水平。

>> 游览建议

建议在每年 4 月至 10 月中旬来到弗德台地国家公园，一并游览悬崖宫殿、查平梅萨的阳台寨和韦瑟里尔梅萨的长屋三个古村落遗迹。介绍普韦布洛印第安人生活方式的博物馆也非常值得参观。在非旅游季，村落遗址会关闭，但国家公园仍然开放并提供驾车环游的项目。游客可驾车或远足，从远处欣赏这些崖壁上的民居。

关于悬崖宫殿的几个数据

房屋分为 2 层、3 层和 4 层

共有 200 多个房间

房屋外缘建有 20 多个圆形地下室

陶斯镇（美国）

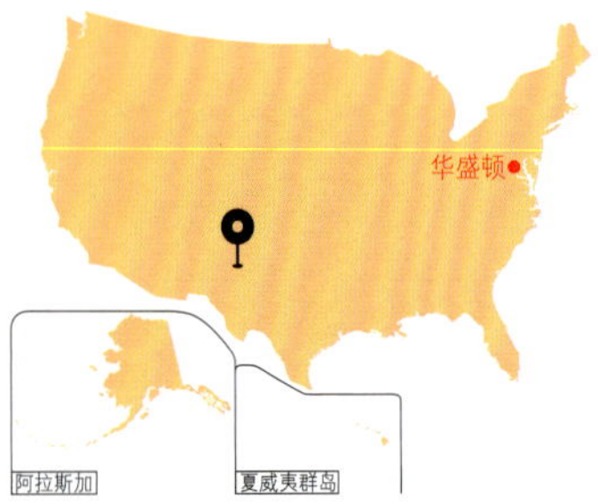

>> 仍然在使用的传统村庄

今天居住在美国亚利桑那州和新墨西哥州的印第安人，从13世纪就开始定居在陶斯附近的山谷中——距离圣菲（新墨西哥州的行政中心）约100千米。他们在此建立村镇，用黏土建造房屋，用土砖坯（黏土、稻草和水混合烧制的砖）修筑仪式场所。部分房屋为多层建筑，最大的一座有五层楼。

自建镇之日起，陶斯镇世世代代的普韦布洛印第安人一直对这里进行着妥善的保护和修缮，直至今日小镇里仍然有人居住。如今居住在这里的居民人数约150人。因传统房屋的结构不适合安装自来水和电线，其他的居民选择居住在附近较现代的房屋里。普韦布洛印第安人有自己的首领和部族领导成员，主要负责处理其民事、贸易以及与“非印第安世界”的关系。他们一直坚守着的宗教活动在基瓦内进行（基瓦是一些半地下的圆形建筑，入口在屋顶）。

>> 游览建议

参观现存 100 多幢土著居民房屋的陶斯镇需要遵守一系列规矩，例如未经允许不得给当地土著居民拍照，不得进入墓地等。如遇到宗教节日或葬礼，当地也禁止参观。

陶斯镇 21 个现存村庄中的不同语言

12 个村
为基奥瓦－塔诺安语

7 个村
为克雷桑语

1 个村
为祖尼语

1 个村
为犹他－阿兹特克语

特奥蒂瓦坎古城（墨西哥）

>> 众神之城

特奥蒂瓦坎古城位于墨西哥城东北48千米处，始建于公元1世纪，公元5世纪达到鼎盛，总面积达25平方千米。在公元7世纪被遗弃之前，城市的居民数量至少有2.5万人。

我们现在对特奥蒂瓦坎古城及古城内保留下来的古老而宏大的仪式场所知之甚少。城市的原名、建造者的身份以及公元600年左右引起城市没落的原因等，都引发了人们诸多思考。1100年，阿兹特克人发现了这座废弃的城市并将其命名为特奥蒂瓦坎，意为“众神之城”。根据阿兹特克神话，这里不仅是诸神拯救生灵的地方，也是太阳和月亮升起的地方。太阳金字塔和月亮金字塔也因此而建。月亮金字塔连接着一条长5千米的铺石路，名为“亡灵大道”，大道向南延伸至羽蛇神庙。羽蛇神庙是一座半地上半地下的建筑，如今已成为重要的朝圣地。

>> 游览建议

如果不介意人多拥挤，每年春分日或秋分日也许是最适合参观特奥蒂瓦坎古城的日子，因为这一天会有非常多的游客前来观看太阳光线在太阳金字塔上变幻的奇景。你还可以顺着台阶登上太阳金字塔顶部，像古人那样向太阳致敬。

关于太阳金字塔的几个数据

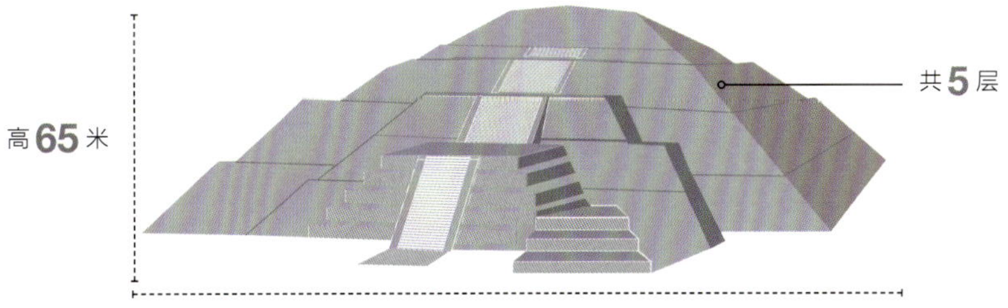

帕伦克古城（墨西哥）

>> 运用黄金分割比例

你知道埃及吉萨金字塔、希腊帕特农神庙以及墨西哥玛雅神庙有什么共同点吗？今天我们发现，它们在建造过程中都运用了黄金分割比例。这是当今人类公认可以呈现出最佳审美效果的比例，可见不同时空的古人也有共同的审美认知。

玛雅人在数学和天文学方面取得了了不起的成就。在玛雅文明的鼎盛时期（公元 6 世纪至 8 世纪），他们创造了精确的历法，建立了辉煌的城市，在观测台上用最原始的工具绘制出天文图。

位于墨西哥东南部恰帕斯州的帕伦克古城是典型的玛雅文明遗址。古城内的建筑物优雅、精巧，且拥有大量装饰性雕塑和描绘统治者家族的红蓝灰墁浮雕，这成为了玛雅文明黄金时期的最好见证。碑铭神庙是巴卡尔国王（公元 684 年去世）死前为自己建造的陵墓，神庙的石棺中沉睡着他的木乃伊。碑铭神庙以及巴卡尔国王儿子所建神庙的铭文，为研究玛雅文明提供了重要证据。据考证帕伦克古城大约还有 90% 的遗址未被发掘，尽管古城不再“失落”，但仍然充满了神秘。

>> 游览建议

游览帕伦克古城的最佳时间是每年11月至次年3月。攀登神庙陡峭的楼梯让游览过程变得有些累人。如果游客太多，参加有导游陪同的森林步行观光也是一个不错的选择。游览完帕伦克古城后可继续前往米索哈瀑布戏水或到瀑布后面游玩。

关于帕伦克古城的几个时间节点

公元 **600—800** 年
城市的巅峰时刻

公元 **900** 年
开始走向衰落

1784 年
第一次考察

1858 年
第一张照片

比尼亚莱斯山谷（古巴）

>> 探索雪茄的秘密

比尼亚莱斯山谷位于古巴岛的西端。在烟草田中，农民们或拉着牛在田间耕作，或骑着马、坐着拉货马车在田间穿行。由于机械化的种植和收割方法会降低烟草质量，因此比尼亚莱斯山谷的农民们一直采用传统方式种植和收割烟草。直到今天机器也并未取代他们世代相传的烟草耕作技术。因此选择骑马前往，探索这片茂密的山谷，确实是一件令人愉悦的事情。

比尼亚莱斯山谷的圆形山丘多呈面包状，最高可达 30 米。山丘上隐藏着许多洞穴，其中最著名的是印第奥洞和圣托马斯洞，洞穴中刻满壁画。来此旅游，不仅可以攀爬圆形山丘，还可以参观传统的烟草种植园，探究著名的古巴雪茄制作秘密——这是个漫长而艰苦的过程。当地的生产者也很乐意与游客分享。

>> 游览建议

从古巴首都哈瓦那到比尼亚莱斯山谷最经济的方法是乘公共汽车或大巴。到达后可以通过居住的酒店了解一下当地的旅游信息。沿着蜿蜒的小路，可以爬上绘有“史前壁画”的圆形山丘顶部，从那里可以欣赏到整个山谷的壮丽景色。

古巴——西印度群岛中最大的岛国

面积
109884 平方千米

由古巴岛、青年岛等
1600 个岛屿组成

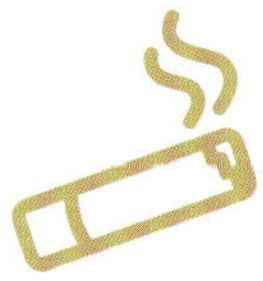

雪茄烟享誉世界

马丘比丘古城（秘鲁）

>> 失落的城市

马丘比丘古城位于秘鲁南部，坐落在海拔约 2400 米的山脊上，是保存完好的前哥伦布时期的印加遗迹，被称为印加帝国的“失落之城”。据推测，马丘比丘古城的建造时间是 15 世纪，也就是印加帝国的鼎盛时期。古城遗址由城市区和农耕区组成。城市区约有 200 座建筑，根据用途和居住者的社会地位，它们被建在不同的街区。建筑包括神殿、堡垒、避难所和住宅等。印加人是如何将远处采石场的花岗岩运送到这里来的，至今是个谜。农耕区有大片开阔的梯田，梯田上种满了各种植物，使这里有“空中花园”的美称。

由于地处高山，马丘比丘古城幸运地躲过了西班牙入侵者的掠夺。荒废后的古城很快被茂密的植被掩盖，因此得以完整保存。1911 年，一位耶鲁大学的教授（也是一位探险家）在茂密的森林中偶然发现了这座古城，然后通过美国《国家地理》杂志将其介绍给了全世界。

>> 游览建议

进入马丘比丘古城有乘小火车、搭“顺风车”、徒步等多种方式。大多数游客会选择乘坐蓝色小火车。马丘比丘古城附近还有许多条可供徒步的古道，其中印加古道最引人注目。你可以沿印加古道边徒步边欣赏路边的风景和古迹。

关于马丘比丘古城的几个常识

马丘比丘古城是印加文明的独特见证

马丘比丘古城约有 200 座建筑，是印加帝国的宗教、仪式、天文和农业中心

1983 年，马丘比丘古城被批准为世界文化与自然双重遗产

马丘比丘古城拥有多样化的小气候，动植物种类繁多，仅兰花就有 140 种

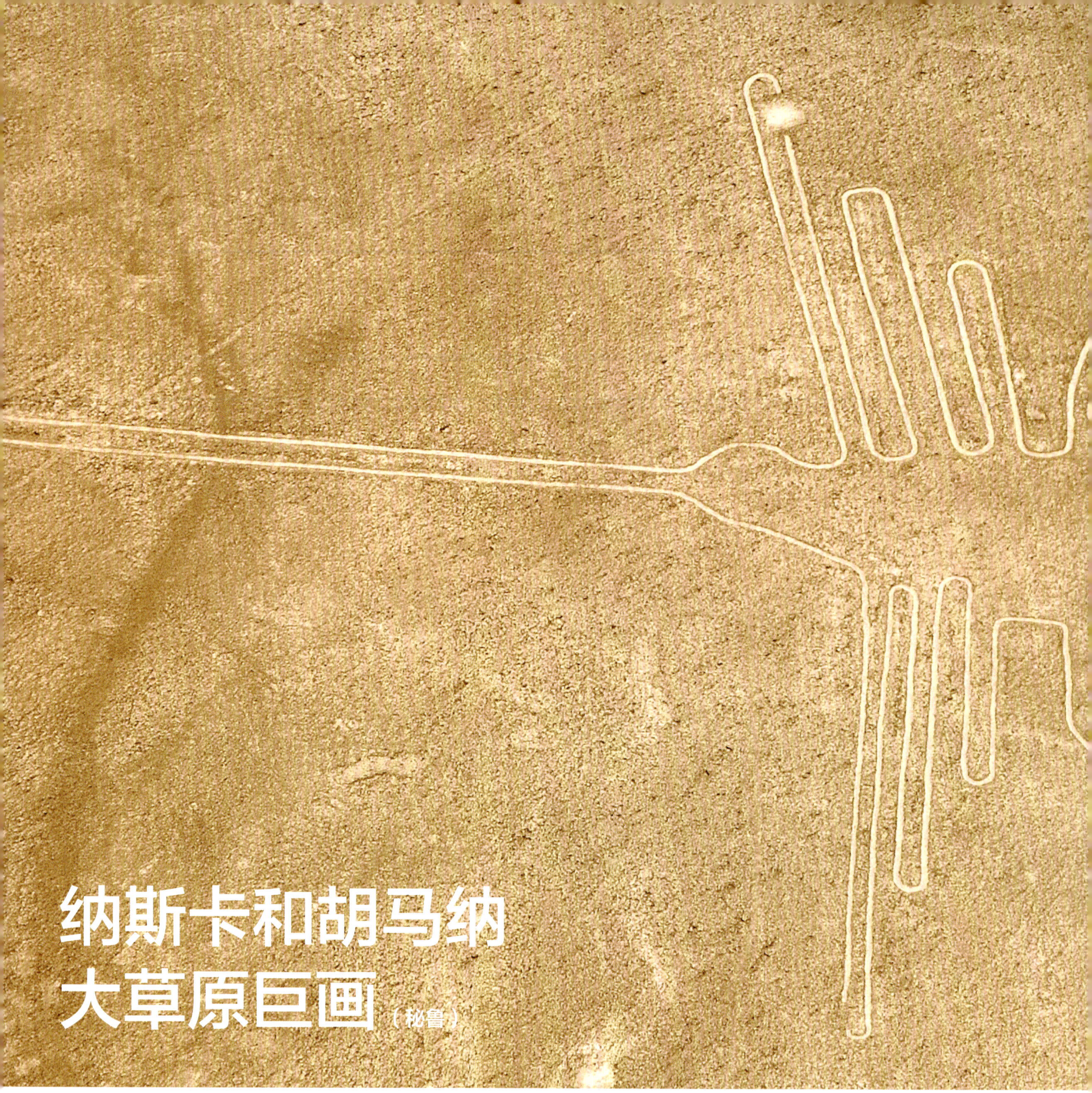

纳斯卡和胡马纳大草原巨画（秘鲁）

>> 纳斯卡文明的遗迹

纳斯卡文明的繁荣时期为公元前200年至公元600年，其主要遗迹沿纳斯卡河谷分布。除了巨大的卡瓦其金字塔和已经淹没在沙漠之中的宗教场所，他们还留下了350多幅神秘的巨型地面绘画——纳斯卡和胡马纳大草原巨画。虽然已历经千年，但这些画在干燥的气候中被很好地保留了下来。

这些巨画可能代表了多重意义。有些线条似乎与天体运行的轨迹相对应，有一些则作为潘帕沙漠上的标识，指示道路和水源的方向。在这片干燥的地区，纳斯卡人已经开始建造储水池和开挖地下水道，并将水导入缺水的地区浇灌农田。鸟、猴、秃鹫等这些按比例放大的动物巨画或许是为了致敬天上的创世神。还有一些图画描绘了迎神仪式的场景。最近几年，借助无人机和卫星又陆续发现了一些从地面难以辨识的图案。

>> 游览建议

有两种方法可以欣赏这些大草原巨画：一是前往泛美公路旁的观景台，站在 15 米的高台上，可以看到蜥蜴、树和手形图案。另一个选择是乘坐飞机，在不到 1 小时的飞行时间里可以俯瞰十几幅图案。因这里下午常常有风，容易导致飞机晃动，所以选择上午飞行体验感更佳。

巨型动物图案

科尔科瓦多山的基督像（巴西）

>> 里约热内卢的城市名片

里约热内卢的明星巨像站在海拔704米的科尔科瓦多山上，守护着世界上最美的港湾之一。基督像由雕刻家保罗·兰多斯基设计，虽历经风吹雨打90多年，但它仍然伫立在科尔科瓦多山顶，张开双臂，欢迎来自世界各地的朝圣者。1931年雕像落成之日，数十万朝圣者冒雨来到基督像前举行祝圣仪式。

2000年以后里约热内卢相继举行了奥运会和足球世界杯。基督像附近景区内的设施也得到了更新。雕像下方为婚礼和洗礼等活动建造了一个小礼拜堂。每年有60多万游客乘坐小巴士或科姆韦柳区红色小火车来到科尔科瓦多山山顶，然后乘上新架设的全景电梯和电扶梯来参观基督像。

在晴朗的日子里，科尔科瓦多山上的风景极为壮观，从那里可以远眺里约热内卢的其他标志景观——甜面包山、马拉卡纳体育场、伊帕内玛或科帕卡瓦纳海滨区。

>> 游览建议

乘坐小火车登上科尔科瓦多山时，可以透过车窗看到蒂茹卡国家公园的美景。日落时分，在甜面包山还能欣赏到更为壮观的风景。如果选择在 2 月中下旬来里约热内卢旅游，还可以体验城市狂欢节的气氛。

关于巴西天主教的几个数据

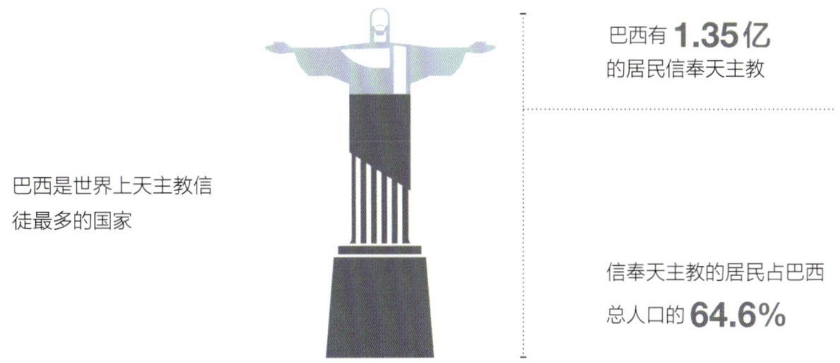

拉帕努伊国家公园（智利）

>> 石像的故乡

拉帕努伊国家公园位于智利复活节岛，当地居民称此岛为拉帕努伊，意为“石像的故乡”。国家公园里集中了拉帕努伊文化的遗产，包括独特的建筑和雕塑。岛上各处散落的石像有1000多尊，其中大部分是在公元10世纪至16世纪竖立的。除一尊外，其他所有的石像都是面朝岛中央，守护着他们的部落。其中，最大的石像群是阿胡汤加里基，15尊巨型雕像呈一字排开状。

部分石像的眼睛和头发分别用白珊瑚和红凝灰岩装饰。在挖掘工作中，人们发现一些石像底座上刻有文字和图画。还有400个石像被发现遗留在火山坡上的采石场内，这让我们更好地了解石像的制作过程。制作这些2至20米高、重达数十吨的石像，首先要在平放的原石上进行粗加工与雕刻，然后将石像从原石上剥离下来，推到事先挖好的沟中竖立起来。两位相信“行走石像”传说的考古学家已成功借助绳子，并运用钟摆运动原理将石像的复制品移动并竖立在理想位置。他们算是见证过巨型石像千年以前摇摆行走的样子了。

>> 游览建议

由于费用高昂且位置偏远，能来到复活节岛的游客并不多。参观完岛上全部景点至少需要三四天的时间。在阿胡汤加里基欣赏日落之后，去安娜肯那海滩仰望星空会带给你梦幻般的感受。

复活节岛的巨大石像

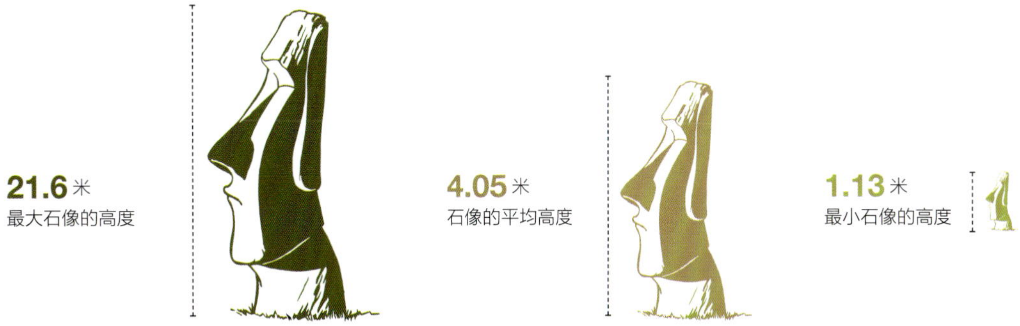